科学实验区实验学校
推荐用书

万物有科学

《万物有科学》编写组⊙编

杨小仁　熊家昌　吴　穹⊙主编

第二册

分册主编：时荣萍　万月琴　黄丹媚
　　　　　付幸生
编　　委：熊志清　牛二娟　金惠惠
　　　　　易宏鸿　黄志强　吴光超
　　　　　程文兰　康　婷

江西人民出版社
Jiangxi People's Publishing House
全国百佳出版社

图书在版编目（CIP）数据

万物有科学.第二册/《万物有科学》编写组编；
杨小仁,熊家昌,吴穹主编.-- 南昌:江西人民出版社,
2024.11.-- ISBN 978-7-210-16008-3

Ⅰ.G634.73

中国国家版本馆 CIP 数据核字第 2024Q0W773 号

万物有科学　第二册
WANWU YOU KEXUE　DI-ER CE

《万物有科学》编写组　编　　　　杨小仁　熊家昌　吴穹　主编

出　版　人：梁　菁
策　　　划：黄心刚
责 任 编 辑：郭　锐　雷亚田
装 帧 设 计：白　冰

江西人民出版社　出版发行
Jiangxi People's Publishing House
全国百佳出版社

地　　　　址：江西省南昌市三经路 47 号附 1 号（邮编：330006）
网　　　　址：www.jxpph.com
电 子 信 箱：jxrmbook@126.com
编辑部电话：0791-86893801
发行部电话：0791-86898815
承　印　厂：江西千叶彩印有限公司
经　　　销：各地新华书店

开　　　　本：787 毫米 ×1092 毫米　1/16
印　　　　张：9
字　　　　数：118 千字
版　　　　次：2024 年 11 月第 1 版
印　　　　次：2024 年 11 月第 1 次印刷
书　　　　号：ISBN 978-7-210-16008-3
定　　　　价：38.00 元
赣版权登字 –01–2024–822

亲爱的读者朋友们：

在这个多姿多彩的世界，科学知识无处不在。无论是在我们熟悉的语文、数学课堂上，还是在充满活力和创意的音乐、体育与美术活动中，科学都扮演着重要的角色。

"万物有科学"丛书旨在打破传统学科之间的界限，为青少年呈现一个既全面又有趣的科学世界。丛书编写前，编写组征集了大家在日常学习中发现的最感兴趣、最想了解的科学问题，围绕课本或者生活中常见的科学现象，选择了192个科学知识点，每册图书集中展示32个。每个知识点创设奇妙有趣的科学情境，设计新颖独特的实验或实践活动，带领大家一起探究实验背后的科学原理。让我们一起化身小小科学家，踏上一场充满乐趣与挑战的科学探秘之旅吧！

观察与发现　小小科学家需要有一双善于发现的眼睛。在这个栏目中，我们将仔细观察，从平时不太注意的事物里，找到其中的科学现象，提出科学问题。

探究与实践　小小科学家需要有一双勇于实践的巧手。在这个栏目中，我们动手、动脑，设计实验，完成实验，认真观察，记录科学现象，探究科学奥秘。

研讨与反思　小小科学家需要有寻根问源的精神。这些实验现象产生的原理是什么呢？我们制作出来的作品运用了哪些科学知识？在完成实践活动的过程中，我们遇到了哪些问题？我们是如何解决的呢？通过研讨与反思，我们可以总结经验教训，提高实验设计和实施的能力。

拓展与延伸　小小科学家需要有举一反三的能力。我们学到的科学知识可以解决生活中的实际问题吗？在实践过后，我们又有了哪些新的想法呢？每课学完，我们可以大胆地去尝试，在生活中和大自然里勇敢探索。

读者朋友们，科学知识就像一把钥匙，它能帮助我们打开通往未知世界的大门。无论我们身处何方，无论我们在做什么，只要我们用心观察、勤于思考，就能发现科学的奥秘和魅力。让"万物有科学"丛书陪伴大家一起，用科学的视角、科学的思维理解各学科知识，更好地探索这个充满未知的世界。

丛书编委会

2024 年 11 月

目 录

剪出对称之美

jiǎn chū duì chèn zhī měi

"一张红纸不算大，剪刀代笔巧画画。画鱼画猪画人物，贴在窗上叫窗花。"猜猜这是什么民间工艺？对啦，是剪纸！

观察与发现

生活中，我们经常能看到对称图形，你们能用剪纸的方式将对称图形剪出来吗？让我们一起来探索对称之美吧！

探究与实践

tǐ yàn jiǎn zhǐ
体验剪纸

cái liào zhǔn bèi　　cǎi zhǐ　　jiǎn dāo　　qiān bǐ
材料准备： 彩纸、剪刀、铅笔。

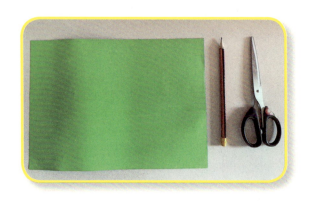

zhì zuò bù zhòu
制作步骤：

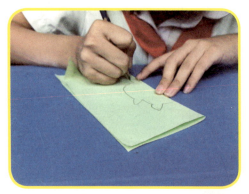

jiāng cǎi zhǐ duì zhé　　huà shàng
1.将彩纸对折，画上
tú àn
图案。

yòng jiǎn dāo jiǎn chū duì chèn
2.用剪刀剪出对称
tú àn
图案。

jiǎn wán zhī hòu gěi duì

3.剪完之后给对

chèn tú àn huà shàng yǎn

称图案画上眼

jing zhǎn shì chéng pǐn

睛，展示成品。

研讨与反思

shì fǒu zhǎng wò le jiǎn chū zhóu duì chèn tú àn de gè gè

1.是否掌握了剪出轴对称图案的各个

bù zhòu bìng shú liàn de jiǎn chū le duì chèn tú àn

步骤，并熟练地剪出了对称图案？

shì　　　　　　　　　　　　bú shì

是（ 　 ） 　　　　 不是（ 　 ）

zěn yàng duì zhé zhǐ zhāng cái néng jiǎn chū wán měi duì chèn de

2.怎样对折纸张才能剪出完美对称的

tú àn

图案？

3.对于一些不规则的纸张，如何确定它的对称轴呢？

拓展与延伸

在实践中，我们掌握了剪出轴对称图案的步骤，能够根据不同的纸张形状和图案要求进行合理的对折、绘图和裁剪，尝试将几个简单的轴对称几何图形组合成有趣的图案吧。

qù wèi xuán tíng zhǐ fēi jī
趣味悬停纸飞机

"纸飞机，纸飞机，飞得高哇，飞得低，
飞到天上做游戏。"你们听过这首儿歌吗？

为什么有些同学的纸飞机飞得又高又远，

而有些同学的纸飞机飞不远呢？

观察与发现

纸飞机有100多种折法，你们会折几种

纸飞机呢？你们折的飞机能飞多久？

探究与实践

zhé zhǐ fēi jī
折纸飞机

cái liào zhǔn bèi
材料准备：A4 纸。

zhì zuò bù zhòu
制作步骤：

zhé dì yī zhǒng zhǐ fēi jī
折第一种纸飞机。

zhǐ duì zhé hòu zài
1. A4纸对折后再
zhǎn kāi
展开。

dǐng bù liǎng gè jiǎo zhé xiàng
2. 顶部两个角折向
zhōng xīn xiàn
中心线。

yán zhōng xīn xiàn duì zhé
3.沿中心线对折。

liǎng cè　jī yì　xiàng xià zhé
4.两侧"机翼"向下折，

yǔ　jī fù　qí píng
与"机腹"齐平。

zhé dì èr zhǒng zhǐ fēi jī
折第二种纸飞机。

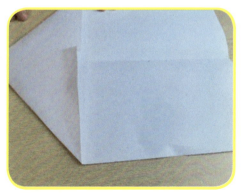

zhǐ duì zhé hòu zài zhǎn kāi
1.A4纸对折后再展开。

dǐng bù liǎng gè jiǎo zhé xiàng zhōng
2.顶部两个角折向中

xīn xiàn
心线。

dǐng bù jiǎo xiàng xià zhé
3. 顶部角向下折。

liǎng cè jiǎo zhé xiàng zhōng xīn xiàn
4. 两侧角折向中心线。

jiǎo xiàng shàng zhé　　gù dìng zhōng
5. 角向上折，固定中

xīn xiàn liǎng cè jiǎo
心线两侧角。

xiàng wài yán zhōng xīn xiàn duì zhé
6. 向外沿中心线对折。

liǎng cè　　jī yì　　xiàng
7. 两侧"机翼"向

xià zhé　　yǔ　　jī fù
下折，与"机腹"

qí píng
齐平。

fēn zǔ jìn xíng shì fēi dà sài
分组进行试飞大赛。

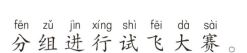研讨与反思

　　　　yòng nǐ men zhé de zhǐ fēi jī shì fēi　　　cǎi yòng nǎ zhǒng
1.用你们折的纸飞机试飞，采用哪种

zhé fǎ zhé chū de zhǐ fēi jī zài kōng zhōng fēi de shí jiān cháng
折法折出的纸飞机在空中飞得时间长？

2. wèi shén me bái zhǐ bù néng fēi qǐ lái，zhé chéng zhǐ fēi
为什么白纸不能飞起来，折成纸飞

jī hòu què néng fēi qǐ lái
机后却能飞起来？

3. gēn jù zì jǐ de biǎo xiàn gěi xīng xing tú shàng zì jǐ xǐ
根据自己的表现给星星涂上自己喜

huan de yán sè ba
欢的颜色吧！

拓展与延伸

zhǐ fēi jī de fēi xíng shí jiān yǔ zhǐ fēi jī de zhé fǎ shì
纸飞机的飞行时间与纸飞机的折法是

fǒu yǒu guān　shì zhe duō zhé jǐ zhǒng zhǐ fēi jī bǐ jiào yí xià
否有关？试着多折几种纸飞机比较一下。

有趣的纸桥搭建

同学们，你们在生活中见过各种各样的桥梁吧？想不想自己动手建造一座特别的桥呢？

观察与发现

同学们，你们在生活中见过什么样的桥梁？它们都有什么特点呢？

拱形桥

斜拉桥

🌐 探究与实践

自制纸桥测试承重力

活动一

1.准备实验材料：

12张 A4纸，1个苹果，

2个纸杯。

2.将 12张 A4纸叠放在 2个纸杯上面，再用物品检测纸桥的承重力，看看纸桥会发生什么变化。

将苹果放上去

huó dòng èr

活 动 二

zhǔn bèi shí yàn cái liào　　　　　zhāng　　zhǐ　qiān bǐ　jiāo shuǐ
1.准 备 实 验 材 料：12 张 A4 纸、铅 笔、胶 水。

bǎ　měi zhāng zhǐ juǎn chéng zhí jìng　yǔ　qiān bǐ　xiāng fǎng　de
2.把 每 张 纸 卷 成 直 径 与 铅 笔 相 仿 的

yuán tǒng
圆 筒。

3.用胶水将多个圆筒连接起来，搭建一个简单的桥梁模型。

4.用一些物品（例如：准备5瓶矿泉水）来检测纸桥能承受多重的东西。

5.给桥梁的形状和结构做一些改变（例如：把纸桥形状做成拱形），使纸桥的承重力变得更好。

⏳ 研讨与反思

1.根据自己所做纸桥的承重力给星星涂色吧！

néng chéng shòu píng jí yǐ shàng 能承受3瓶及以上 kuàng quán shuǐ 矿泉水	★ ★ ★ ★ ☆
néng chéng shòu píng kuàng quán shuǐ 能承受2瓶矿泉水	★ ★ ★ ★ ☆
néng chéng shòu píng kuàng quán shuǐ 能承受1瓶矿泉水	★ ★ ★ ★ ☆

wèi shén me yòng zhǐ yuán tǒng dā jiàn de qiáo liáng néng gòu chéng
2.为什么用纸圆筒搭建的桥梁能够承

shòu gèng duō de zhòng liàng
受更多的重量？

shēng huó zhōng de qiáo liáng yǒu nǎ xiē bù fen hé wǒ men dā
3.生活中的桥梁有哪些部分和我们搭

jiàn de zhǐ qiáo xiāng sì
建的纸桥相似？

🔬 拓展与延伸

tóng xué men huí jiā hòu cháng shì yòng qí tā cái liào lì rú
同学们，回家后尝试用其他材料（例如：

xī guǎn lái dā jiàn qiáo liáng kàn kan chéng zhòng xiào guǒ rú hé
吸管）来搭建桥梁，看看承重效果如何。

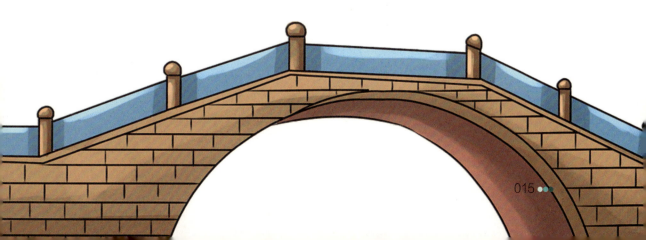

趣玩纸螺旋桨
qù wán zhǐ luó xuán jiǎng

看，直升机在天空翱翔，多酷哇！螺
kàn zhí shēng jī zài tiān kōng áo xiáng duō kù wa luó

旋桨是直升机的关键部件。螺旋桨究竟是
xuán jiǎng shì zhí shēng jī de guān jiàn bù jiàn luó xuán jiǎng jiū jìng shì

怎样帮助直升机升降的呢？
zěn yàng bāng zhù zhí shēng jī shēng jiàng de ne

观察与发现

准备一张纸，说说它有哪些特点。你
zhǔn bèi yì zhāng zhǐ shuō shuo tā yǒu nǎ xiē tè diǎn nǐ

有什么方法可以把纸变成螺旋桨呢？
yǒu shén me fāng fǎ kě yǐ bǎ zhǐ biàn chéng luó xuán jiǎng ne

探究与实践

自制纸螺旋桨

1.用纸、铅笔、剪刀、尺子制作两三个纸螺旋桨，然后试着让它们同时从同一高度落下。仔细观察，看看哪个先落地。

2.如果改变纸螺旋桨的叶片长度，它的下降速度会发生变化吗？

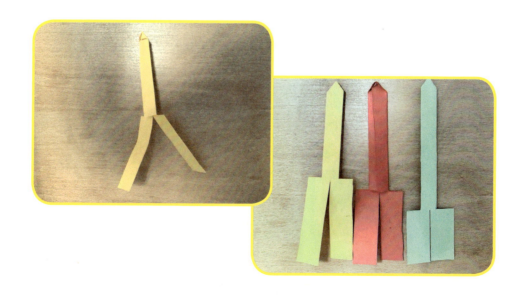

研讨与反思

1. 根据自己的表现给星星涂上自己喜欢的颜色吧！

能够安全使用剪刀	☆ ☆ ☆ ☆ ☆
积极参与制作过程	☆ ☆ ☆ ☆ ☆
成功制作纸螺旋桨	☆ ☆ ☆ ☆ ☆

2. 不同尺寸的叶片在纸螺旋桨下降的过程中，旋转的速度有什么不同？

3. 不同尺寸的叶片对纸螺旋桨的下降速度有什么影响？

拓展与延伸

如果制作不同叶片形状（如矩形、梯形、三角形等）的纸螺旋桨，它们的下降速度会不同吗？

kē dǒu chéng zhǎng jì
蝌蚪成长记

"大脑袋、圆肚皮、细尾巴、黑身子。

变变变……长出四条腿，丢了细尾巴。吃

饱了，呱呱呱；抓害虫，顶呱呱。"你们知

道这是什么动物吗？没错，就是小蝌蚪。

观察与发现

蝌蚪与青蛙是我们在生活中能经常

看到的小动物。仔细观察，小蝌蚪与青蛙

长得像不像？它们之间有什么关联呢？

xiǎo kē dǒu
小蝌蚪

qīng wā
青蛙

探究与实践

zhì zuò qīng wā chéng zhǎng shǒu cè
制作青蛙成长手册

cái liào zhǔn bèi　　bái zhǐ　qiān bǐ　cǎi bǐ　xiàng pí cā
材料准备：白纸、铅笔、彩笔、橡皮擦。

zhì zuò bù zhòu
制作步骤：

huà qīng wā luǎn
1.画青蛙卵。

huà kē dǒu
2.画蝌蚪。

huà zhǎng chū le hòu zhī de
3.画长出了后肢的
kē dǒu
蝌蚪。

huà zhǎng chū le qián zhī de
4.画长出了前肢的
kē dǒu
蝌蚪。

huà kē dǒu zhú jiàn biàn chéng le
5.画蝌蚪逐渐变成了

qīng wā　　　wěi ba zhú jiàn suō duǎn
青蛙，尾巴逐渐缩短。

huà qīng wā
6.画青蛙。

青蛙卵　　　蝌蚪　　　长出了后肢

小蝌蚪变成了青蛙

变成了青蛙　　　尾巴缩短　　　再长出前肢

biāo chū jiàn tóu　　wán chéng qīng wā chéng zhǎng shǒu cè
7.标出箭头，完成青蛙成长手册。

⏳ 研讨与反思

néng bù néng tōng guò zhì zuò qīng wā chéng zhǎng shǒu cè 　　　liǎo
1.能不能通过制作青蛙成长手册，了

jiě kē dǒu biàn chéng qīng wā de guò chéng
解蝌蚪变成青蛙的过程？

（　　）能　　　　（　　）不能

2.蝌蚪变成青蛙的过程中，蝌蚪的身体哪里最先发生变化？腿是怎么慢慢变长的？能在手册里画出来吗？

拓展与延伸

你们还知道其他两栖动物的生长过程吗？尝试做一份成长手册吧！

6 打造独特之音

dǎ zào dú tè zhī yīn
打造独特之音

tóng xué men　　zài dào dé yǔ fǎ zhì kè shàng wǒ men zhī dào
同学们，在道德与法治课上我们知道

le　zài gōng gòng chǎng suǒ yào xiǎo shēng shuō huà　　cái néng bǎo chí huán jìng
了在公共场所要小声说话，才能保持环境

de ān jìng hé měi hǎo　　shēng yīn bù zhǐ yǒu dà xiǎo zhī fēn　　hái
的安静和美好。声音不只有大小之分，还

néng bèi sù zào ne
能被塑造呢！

🖊 观察与发现

tú zhōng zhè ge xīn qí de xiǎo yuè qì　　tā de míng zi jiào
图中这个新奇的小乐器，它的名字叫

kǎ zǔ dí　　zǐ xì kàn yi kàn　　tā shì bú shì hěn tè bié
卡祖笛。仔细看一看，它是不是很特别？

nà me　　kǎ zǔ dí shì zěn yàng fā chū shēng yīn de ne
那么，卡祖笛是怎样发出声音的呢？

 探究与实践

制作卡祖笛

zhì zuò kǎ zǔ dí

1.要让塑料吸管发出不同的声音，你有几种方法呢？

2.用一根较粗的硬吸管、一小块保鲜膜，试着做一个卡祖笛，并尝试让它发出声音。

zhì zuò bù zhòu
制作步骤：

yòng xiǎo dāo zài xī guǎn shàng kè
1. 用小刀在吸管上刻
yí gè xiǎo kǒng
一个小孔。

jiǎn xià yì xiǎo kuài bǎo xiān mó
2. 剪下一小块保鲜膜，
bǎ tā tiē zài dòng kǒu bìng yòng
把它贴在洞口，并用
jiāo dài gù dìng bǎo xiān mó
胶带固定保鲜膜。

ràng wǒ men hēng chàng yì qǔ
3. 让我们哼唱一曲，
tīng ting tā fā chū de shēng yīn ba
听听它发出的声音吧！

研讨与反思

zài zhì zuò kǎ zǔ dí shí shì fǒu rèn zhēn àn zhào bù
1. 在制作卡祖笛时，是否认真按照步
zhòu jìn xíng gēn jù zì jǐ de biǎo xiàn gěi xīng xing tú shàng zì jǐ
骤进行？根据自己的表现给星星涂上自己

xǐ huan de yán sè ba
喜欢的颜色吧！

☆ ☆ ☆ ☆ ☆

nǐ shì zěn yàng ràng kǎ zǔ dí fā chū shēng yīn de ne
2. 你是怎样让卡祖笛发出声音的呢？

duì bǐ qí tā tóng xué zhì zuò de kǎ zǔ dí nǐ jué
3. 对比其他同学制作的卡祖笛，你觉

de shēng yīn bù tóng de yuán yīn kě néng shì shén me
得声音不同的原因可能是什么？

拓展与延伸

cháng shì duì zì jǐ zhì zuò de kǎ zǔ dí jìn xíng jú bù gǎi
尝试对自己制作的卡祖笛进行局部改

zào rú gēng huàn dí mó gǎi biàn dí shēn cái zhì duō dǎ jǐ
造（如更换笛膜、改变笛身材质、多打几

gè xiǎo kǒng děng kàn kan duì kǎ zǔ dí de shēng yīn huì yǒu shén
个小孔等），看看对卡祖笛的声音会有什

me yǐng xiǎng
么影响。

qí miào de shēng yīn shì jiè
奇妙的声音世界

xià yǔ le huā lā lā dǎ léi le hōng lōng lōng
"下雨了，哗啦啦；打雷了，轰隆隆；

guā fēng le hū hū hū xiǎo hé liú shuǐ huā lā lā zài
刮风了，呼呼呼；小河流水哗啦啦……"在

rì cháng shēng huó zhōng nǐ men liú yì guo zhè shǒu ér gē zhōng lèi sì
日常生活中，你们留意过这首儿歌中类似

de shēng yīn ma
的声音吗？

🖊 观察与发现

tīng lǎo shī bō fàng de bù tóng shēng yīn rú niǎo míng shēng shuō
听老师播放的不同声音（如鸟鸣声、说

huà shēng míng dí shēng guǎng bō shēng cāi yi cāi shì shén me
话声、鸣笛声、广播声……），猜一猜是什么

shēng yīn bìng sī kǎo zhè xiē shēng yīn shì rú hé chǎn shēng de
声音，并思考这些声音是如何产生的。

探究与实践

活动一：橡皮筋实验
huó dòng yī xiàng pí jīn shí yàn

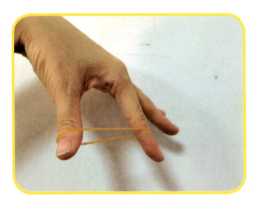 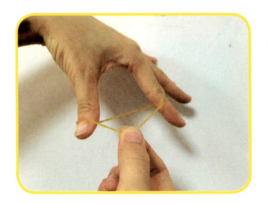

1.用拇指和食指将橡皮筋撑起来。
yòng mǔ zhǐ hé shí zhǐ jiāng xiàng pí jīn chēng qǐ lái

2.另一只手轻轻拨动橡皮筋，感受振动，体验声音的产生。
lìng yì zhī shǒu qīng qīng bō dòng xiàng pí jīn gǎn shòu zhèn dòng tǐ yàn shēng yīn de chǎn shēng

活动二：纸杯电话实验
huó dòng èr zhǐ bēi diàn huà shí yàn

实验材料：两个纸杯、棉线、牙签。
shí yàn cái liào liǎng gè zhǐ bēi mián xiàn yá qiān

实验步骤：

yòng yá qiān zài liǎng gè
1.用牙签在两个

zhǐ bēi dǐ bù de zhèng zhōng xīn gè
纸杯底部的正中心各

chuō yí gè néng ràng mián xiàn qīng sōng
戳一个能让棉线轻松

chuān guò de xiǎo kǒng
穿过的小孔。

jiāng mián xiàn de liǎng duān
2.将棉线的两端

fēn bié chuān guò liǎng gè zhǐ bēi dǐ
分别穿过两个纸杯底

bù de xiǎo kǒng   zài zài bēi nèi
部的小孔，再在杯内

dǎ jié gù dìng
打结固定。

liǎng gè cān yù zhě fēn
3.两个参与者分

bié ná zhe yí gè zhǐ bēi jiāng
别拿着一个纸杯，将

mián xiàn lā zhí   yí gè rén duì
棉线拉直，一个人对

zhe zhǐ bēi qīng shēng shuō huà lìng
着纸杯轻声说话，另

yí gè rén bǎ zhǐ bēi fàng zài ěr
一个人把纸杯放在耳

biān tīng
边听。

 研讨与反思

1.今天的纸杯电话实验结束了，你对自己的表现满意吗？根据自己的表现给星星涂上自己喜欢的颜色吧！

☆ ☆ ☆ ☆ ☆

2.在纸杯电话实验中，为什么需要拉直棉线才能听到声音呢？

拓展与延伸

尝试使用不同材质的线，如毛线、塑料绳、钢丝等，重新制作纸杯电话，比较声音传递的效果。

8 神奇的"卡片大力士"

你玩过卡片游戏吗？在今天的科学探索之旅中，我们一起来玩一个神奇又有趣的卡片游戏，叫作"卡片大力士"。

观察与发现

一个装满水的杯子，放上一张普通的卡片，会让这张卡片获得大大的能量，变成"大力士"，稳稳地托住一些硬币呢！你是不是觉得不可思议？

在空杯子的上方放一张卡片，让一部分露在杯子外面，接着在卡片上放一枚硬币。一起来瞧瞧卡片会有什么变化吧！

探究与实践

kǎ piàn dà lì shì
卡片大力士

shí yàn cái liào zhǐ bēi kǎ piàn yìng bì shuǐ
实验材料： 纸杯、卡片、硬币、水。

shí yàn bù zhòu
实验步骤：

wǎng kōng bēi zi lǐ dǎo mǎn shuǐ
1.往空杯子里倒满水，

shuǐ miàn lüè gāo yú bēi kǒu
水面略高于杯口。

jiāng kǎ piàn fàng zài bēi kǒu
2.将卡片放在杯口，

yì duān jiē chù shuǐ miàn lìng yì
一端接触水面，另一

duān xuán kōng
端悬空。

zài kǎ piàn xuán kōng de yì duān fàng shàng yì méi yìng bì rán hòu zǐ xì
3.在卡片悬空的一端放上一枚硬币，然后仔细

guān chá kǎ piàn huì chū xiàn shén me qíng kuàng ne yào shi jiē zhe wǎng kǎ
观察，卡片会出现什么情况呢？要是接着往卡

piàn xuán kōng de zhè yì duān fàng yìng bì yòu huì zěn me yàng ne
片悬空的这一端放硬币，又会怎么样呢？

🔲 研讨与反思

shì fǒu dú zì wán chéng yóu xì kǎ piàn dà lì shì
1.是否独自完成游戏"卡片大力士"？

shì bú shì
（ ）是 （ ）不是

wèi shén me qīng báo de kǎ piàn jīng guò yí dìng chǔ lǐ hòu
2.为什么轻薄的卡片经过一定处理后

néng gòu chéng shòu jiào zhòng de wù tǐ ne
能够承受较重的物体呢？

3. bù tóng xíng zhuàng hé dà xiǎo de kǎ piàn duì chéng zhòng yǒu yǐng
不 同 形 状 和 大 小 的 卡 片 对 承 重 有 影

xiǎng ma
响 吗 ?

( ) 有 yǒu   ( ) 没 有 méi yǒu

🔴 拓展与延伸

xún zhǎo dà zì rán zhōng   shēng huó zhōng yóu shuǐ de biǎo miàn zhāng
寻 找 大 自 然 中 、 生 活 中 由 水 的 表 面 张

lì suǒ xíng chéng de xiàn xiàng   rú xià guo yǔ hòu   shù yè shàng de
力 所 形 成 的 现 象 , 如 下 过 雨 后 , 树 叶 上 的

xiǎo shuǐ dī   hé yè shàng yuán gǔn gǔn de xiǎo shuǐ zhū   shuǐ lóng tóu
小 水 滴 ; 荷 叶 上 圆 滚 滚 的 小 水 珠 ; 水 龙 头

shàng xuán guà de shuǐ dī
上 悬 挂 的 水 滴 ……

探索浮力的奥秘

tàn suǒ fú lì de ào mì

有一天，小鸭子在池塘里玩耍，它们
发现自己能轻松地浮在水面上。如果把鸡
蛋放入水中，会发生什么呢？让我们一起
来探索浮力的奥秘吧。

观察与发现

bǎ jī dàn fēn bié fàng rù qīng shuǐ hé yán shuǐ zhōng jī dàn zài
把鸡蛋分别放入清水和盐水中，鸡蛋在

shuǐ lǐ de wèi zhì shì fǒu xiāng tóng
水里的位置是否相同？

探究与实践

tàn suǒ fú lì de ào mì
探索浮力的奥秘

huó dòng yī
活动一

shí yàn cái liào yì bēi
1.实验材料：一杯

qīng shuǐ yí kuài zhòng liàng wéi kè
清水、一块重量为 50 克

de hú luó bo yì xiē shí yán
的胡萝卜、一些食盐、

yì shuāng kuài zi
一双筷子。

2.把胡萝卜放入水中，当胡萝卜完全沉
入水底后，慢慢往放了胡萝卜的清水中加入
食盐，再用筷子搅拌，看看胡萝卜的位置会
有什么变化。

活动二

1.准备两杯同样多的水，一杯温水，一
杯冷水。

温水　　　冷水

2.分别往温水和冷水中加入同样多的食盐，再用筷子搅拌，然后分别放入一块同样重的胡萝卜。

温水　　　　　冷水

3.观察胡萝卜在温水和冷水中的情况有什么不同。

🕐 研讨与反思

1.根据自己的表现给星星涂上自己喜欢的颜色吧！

jī jí cān yù tǎo lùn 积极参与讨论	☆ ☆ ☆ ☆ ☆
hé zuò chāo bàng 合作超棒	☆ ☆ ☆ ☆ ☆
rèn wu wán chéng chū sè 任务完成出色	☆ ☆ ☆ ☆ ☆

2.为什么往水里加盐，胡萝卜就能浮起来？

3.同时往温水和冷水中加盐，胡萝卜浮起的速度一样吗？为什么？

⚛ 拓展与延伸

回家后试试用其他液体（比如糖水），看看鸡蛋能否浮起来。

奇妙水魔法

qí miào shuǐ mó fǎ

10

在数学课上，我们认识了很多数字和图形；在科学的世界里，水和牙签能组成一个特别的图形。让我们一起来瞧瞧这神奇的变化吧！

观察与发现

提前准备几片生菜，然后把它们分别放到滴入了红色色素以及蓝色色素的水中，静置一会儿，再仔细观察，看看生菜的颜色会发生什么变化。

探究与实践

自制牙签五角星
zì zhì yá qiān wǔ jiǎo xīng

材料准备： 5 根 牙 签 、
cái liào zhǔn bèi　　　gēn yá qiān

水 、 滴 管 。
shuǐ　dī guǎn

制作步骤：
zhì zuò bù zhòu

1.将 5 根 牙 签 分 别
　jiāng　　　gēn yá qiān fēn bié

从 中 部 折 断 ， 但 不 要
cóng zhōng bù zhé duàn　　　dàn bú yào

完 全 断 开 ， 把 折 断 的 牙
wán quán duàn kāi　　　bǎ zhé duàn de yá

签 摆 成 一 个 五 角 星 的
qiān bǎi chéng yí gè wǔ jiǎo xīng de

形 状 。
xíng zhuàng

温馨提示

掰 牙 签 时 ， 需 让 断 裂 处 保 持 一 点 连 接 。
bāi yá qiān shí　　　xū ràng duàn liè chù bǎo chí yì diǎn lián jiē

2.用 滴 管 吸 水 后 ， 慢 慢 地 往 牙 签 五 角 星 的
　yòng dī guǎn xī shuǐ hòu　　　màn màn de wǎng yá qiān wǔ jiǎo xīng de

中 心 滴 水 。
zhōng xīn dī shuǐ

3.随着水滴的增多，牙签的夹角会慢慢变化，形成闭合的五角星。观察牙签变化的过程。

研讨与反思

1.说一说你对牙签变成五角星的看法吧。根据自己的表现给星星涂上自己喜欢的颜色吧！

2.生菜出现染色现象的原因是什么？

3.为什么折断的牙签在滴水后会变成五角星？

拓展与延伸

如果把牙签换成其他材料（比如纸棒或塑料棒），滴水后会不会也出现类似的现象呢？

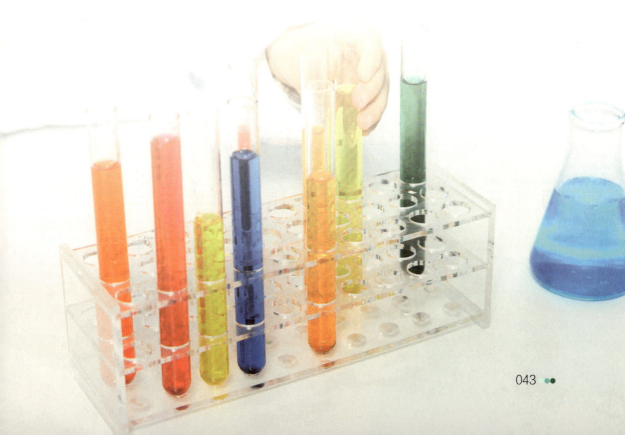

11 袋子变形记

在我们的生活中随处可见袋子。装书本、零食的袋子材料不同、形状各异。随意摆放袋子会让空间凌乱，那如何利用袋子的材料特点进行整理，让空间变整齐呢？大家一起来想想办法吧。

观察与发现

提前准备一些塑料袋，用手摸一摸，再观察塑料袋的结构设计，讨论是否可以利

yòng zhè xiē tè xìng lái shōu nà sù liào dài
用这些特性来收纳塑料袋。

探究与实践

dài zi biàn xíng jì
袋子变形记

xiǎo zǔ jiāng shōu jí dào de
1.小组将收集到的

sù liào dài de cái liào tè diǎn hé jié
塑料袋的材料特点和结

gòu shè jì jì lù xià lái tǎo lùn
构设计记录下来，讨论

zhé dié dài zi de fāng fǎ yǐ jí
折叠袋子的方法，以及

rú hé dié de gèng jiā zhěng qí jié shěng kōng jiān nǐ men xiǎo zǔ néng
如何叠得更加整齐、节省空间。你们小组能

xiǎng chū jǐ zhǒng bù tóng de zhé fǎ ne
想出几种不同的折法呢？

yǔ tóng xué tǎo lùn nǐ de xiǎng fǎ rán hòu àn zhào nǐ de
2.与同学讨论你的想法，然后按照你的

shè jì fāng àn zhé dié dài zi
设计方案折叠袋子。

研讨与反思

nǐ néng gòu xiàng tóng xué biǎo dá zì jǐ de xiǎng fǎ ma
1.你能够向同学表达自己的想法吗？

gēn jù zì jǐ de biǎo xiàn gěi xīng xing tú shàng zì jǐ xǐ huan de yán
根据自己的表现给星星涂上自己喜欢的颜

sè ba
色吧!

☆ ☆ ☆ ☆ ☆

zài zhé dié dài zi de guò chéng zhōng nǐ fā jué sù liào
2.在折叠袋子的过程中，你发觉塑料

yǒu shén me tè diǎn
有什么特点?

bù tóng cái zhì hé dà xiǎo de dài zi zài zhé dié fāng
3.不同材质和大小的袋子，在折叠方

fǎ shàng yǒu shén me bù tóng wèi shén me
法上有什么不同? 为什么?

拓展与延伸

chú le jiāng sù liào dài huí shōu zài lì yòng nǐ hái néng tōng
除了将塑料袋回收再利用，你还能通

guò nǎ xiē chuàng yì gǎi zào jiāng tā men biàn chéng yǒu yòng de shēng huó
过哪些创意改造，将它们变成有用的生活

yòng pǐn ne
用品呢?

biàn fèi wéi bǎo zhī zhēn kōng pēn quán
变废为宝之真空喷泉

wǒ men de shēng huó zhōng huì chǎn shēng yì xiē fèi jiù wù pǐn
我们的生活中会产生一些废旧物品，

bǐ rú kōng yǐn liào píng fèi zhǐ hé zi dàn kě bié qīng yì rēng diào
比如空饮料瓶、废纸盒子。但可别轻易扔掉

zhè xiē dōng xi yo tā men néng zài wǒ men shǒu zhōng dà biàn shēn
这些东西哟！它们能在我们手中大变身。

观察与发现

xià tú zhǎn shì de shì jǐ jiàn yóu fèi jiù wù pǐn gǎi zào ér
下图展示的是几件由废旧物品改造而

chéng de gōng yì pǐn cāi cai zhè xiē piào liang de gōng yì pǐn shì yóu
成的工艺品，猜猜这些漂亮的工艺品是由

shén me fèi jiù wù pǐn zuò chéng de
什么废旧物品做成的。

探究与实践

自制真空喷泉
zì zhì zhēn kōng pēn quán

实验材料：一个透明矿泉水瓶、塑料吸管、橡皮泥、小刀、剪刀、盛有水的保鲜盒。

实验步骤：

1.用剪刀将吸管剪成合适的长度。

2.用剪刀和小刀给瓶盖打孔，孔的大小尽量和吸管的直径保持一致。

3.将吸管插入瓶盖中，外部短，内部长，用橡皮泥把吸管与瓶盖的连接处封住。

4.将瓶盖拧紧，在盛有水的保鲜盒中挤压瓶子，观察喷泉现象。

研讨与反思

1.在实验中遇到问题时，能否冷静思考，尝试用不同的方法去解决？根据自己的表现给星星涂上自己喜欢的颜色吧！

2.做实验时，为什么要用橡皮泥封住吸管与瓶盖的连接处？

拓展与延伸

尝试调整吸管长度、瓶子大小或水量，观察喷泉的变化。

13 探秘衣服材质
tàn mì yī fu cái zhì

不同的衣服摸起来感觉不一样，有的手感很舒服，有的手感很粗糙。今天，咱们就一起来探秘衣服的材质，看看能有什么新奇的发现吧！

🖋 观察与发现

准备几种不同的布料样本（如棉布、丝绸、麻布等），观察这些布料有何不同。

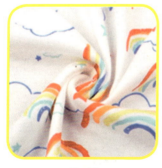
棉布

丝绸

麻布

探究与实践

huó dòng yī   chù mō shí yàn
活动一：触摸实验

yòng shuāng shǒu chù mō bù liào，gǎn shòu bù tóng bù liào de hòu

用双手触摸布料，感受不同布料的厚

báo、ruǎn yìng、guāng huá yǔ cū cāo

薄、软硬、光滑与粗糙……

huó dòng èr   dī shuǐ shí yàn
活动二：滴水实验

fēn bié zài bù liào shàng dī xiāng tóng róng liàng de shuǐ，nǐ huì fā

分别在布料上滴相同容量的水，你会发

xiàn shén me ne

现什么呢？

活动三：揉搓实验
huó dòng sān : róu cuo shí yàn

shì zhe yòng shǒu róu cuo yí xià bù liào nǐ fā xiàn le shén me
试着用手揉搓一下布料，你发现了什么？

 研讨与反思

xiǎo zǔ huó dòng zhōng shì fǒu shàn yú tīng qǔ tā rén de
1.小组活动中，是否善于听取他人的

yì jiàn bìng yǔ xiǎo huǒ bàn gòng tóng wán chéng le rèn wu gēn jù zì jǐ
意见，并与小伙伴共同完成了任务？根据自己

de biǎo xiàn gěi xīng xing tú shàng zì jǐ xǐ huan de yán sè ba
的表现给星星涂上自己喜欢的颜色吧！

☆ ☆ ☆ ☆ ☆

2.如果要你设计一件适合夏天穿的衣服，你会选择什么材质？为什么？

拓展与延伸

在家中找出不同材质的衣服，并思考它们都有哪些功能。

14 奇妙的静电

在生活中你们是否碰到过头发突然竖起来，或者小纸片被吸到尺子上的情况？

其实这都是静电在"捣乱"。

观察与发现

观察生活中哪些东西容易产生静电。

温馨提示

在天气寒冷且干燥的时候，尽可能缓慢地脱下毛衣，这样可以有效减少静电的产生。

 探究与实践

huó dòng yī　　tiáo pí de zhǐ xiè
活动一：调皮的纸屑

cái liào zhǔn bèi　　máo jīn　　zhǐ jīn　　xī guǎn
材料准备： 毛巾、纸巾、吸管。

zhì zuò bù zhòu
制作步骤：

jiāng zhǐ jīn sī chéng suì zhǐ xiè　　bìng jiāng suì zhǐ xiè bō
1.将纸巾撕成碎纸屑，并将碎纸屑拨

jūn yún
均匀。

<ruby>用<rt>yòng</rt></ruby><ruby>毛<rt>máo</rt></ruby><ruby>巾<rt>jīn</rt></ruby><ruby>包<rt>bāo</rt></ruby><ruby>住<rt>zhù</rt></ruby><ruby>一<rt>yì</rt></ruby><ruby>根<rt>gēn</rt></ruby><ruby>吸<rt>xī</rt></ruby><ruby>管<rt>guǎn</rt></ruby> <ruby>来<rt>lái</rt></ruby><ruby>回<rt>huí</rt></ruby><ruby>摩<rt>mó</rt></ruby><ruby>擦<rt>cā</rt></ruby>

2.用毛巾包住一根吸管，来回摩擦。

<ruby>让<rt>ràng</rt></ruby><ruby>摩<rt>mó</rt></ruby><ruby>擦<rt>cā</rt></ruby><ruby>过<rt>guo</rt></ruby><ruby>的<rt>de</rt></ruby><ruby>吸<rt>xī</rt></ruby><ruby>管<rt>guǎn</rt></ruby><ruby>靠<rt>kào</rt></ruby><ruby>近<rt>jìn</rt></ruby><ruby>碎<rt>suì</rt></ruby><ruby>纸<rt>zhǐ</rt></ruby><ruby>屑<rt>xiè</rt></ruby> <ruby>碎<rt>suì</rt></ruby><ruby>纸<rt>zhǐ</rt></ruby><ruby>屑<rt>xiè</rt></ruby>

3.让摩擦过的吸管靠近碎纸屑，碎纸屑

<ruby>会<rt>huì</rt></ruby><ruby>发<rt>fā</rt></ruby><ruby>生<rt>shēng</rt></ruby><ruby>什<rt>shén</rt></ruby><ruby>么<rt>me</rt></ruby><ruby>情<rt>qíng</rt></ruby><ruby>况<rt>kuàng</rt></ruby><ruby>呢<rt>ne</rt></ruby>

会发生什么情况呢？

活 动 二 ： 会 飞 的 "章 鱼"
huó dòng èr huì fēi de zhāng yú

实 验 材 料 ： 垃 圾 袋 、 气 球 、 毛 巾 、 剪 刀 。
shí yàn cái liào   lā jī dài   qì qiú   máo jīn   jiǎn dāo

实 验 步 骤 ：
shí yàn bù zhòu

1.把 塑 料 袋 整 齐 对 折 并 卷 起 来 ， 用 剪 刀
bǎ sù liào dài zhěng qí duì zhé bìng juǎn qǐ lái   yòng jiǎn dāo

剪 成 细 条 状 。
jiǎn chéng xì tiáo zhuàng

2.把剪好的塑料袋条展开，将中间绑住，
"小章鱼"就做好啦。

温馨提示

在制作"小章鱼"的时候，要尽量把它做得轻一点哦！

3.拿毛巾分别摩擦"小章鱼"和气球。摩擦后，向上抛出"小章鱼"，气球在"小章鱼"下方左右移动。"小章鱼"会发生什么神奇的变化呢？

研讨与反思

1.根据自己的表现给星星涂上自己喜欢的颜色吧！

néng gòu dú lì wán chéng shí yàn 能 够 独 立 完 成 实 验	 ☆ ☆ ☆ ☆ ☆
néng dá dào shí yàn xiào guǒ 能 达 到 实 验 效 果	☆ ☆ ☆ ☆ ☆

wèi shén me mó cā hòu de xī guǎn néng xī qǐ suì zhǐ xiè
2.为什么摩擦后的吸管能吸起碎纸屑？

máo jīn mó cā qì qiú hòu néng ràng mó cā guo de xiǎo
3.毛巾摩擦气球后能让摩擦过的"小

zhāng yú yí dòng zhè shì wèi shén me
章鱼"移动，这是为什么？

shēng huó zhōng hái yǒu nǎ xiē xiàn xiàng shì yóu jìng diàn yǐn
4.生活中还有哪些现象是由静电引

qǐ de
起的？

拓展与延伸

huí jiā hòu shì yi shì yòng qí tā cái liào bǐ rú sī chóu
回家后试一试用其他材料，比如丝绸

huò zhě xiān wéi lèi bù liào mó cā sù liào guǎn qì qiú kàn
或者纤维类布料，摩擦塑料管、气球，看

kan néng bù néng chǎn shēng jìng diàn
看能不能产生静电。

15 杠杆的神奇魔力
gàng gǎn de shén qí mó lì

shēng huó zhōng wǒ men jīng cháng néng kàn dào zhè yàng de qíng jǐng
生活中我们经常能看到这样的情景：

gōng rén yòng qiào gùn qiào qǐ hěn zhòng de shí tou   xiǎo péng yǒu zuò zài
工人用撬棍撬起很重的石头，小朋友坐在

qiāo qiāo bǎn shàng kāi xīn wán shuǎ   qí shí zhè lǐ miàn cáng zhe kē xué
跷跷板上开心玩耍。其实这里面藏着科学

mì mì   gàng gǎn yuán lǐ
秘密——杠杆原理。

观察与发现

guān chá rú tú suǒ shì de
观察如图所示的

yǐn liào píng   xiǎng yi xiǎng kě yǐ
饮料瓶，想一想可以

yòng nǎ zhǒng fāng shì dǎ kāi tā
用哪种方式打开它。

探究与实践

自制天平
zì zhì tiān píng

实验材料： 一次性杯子、透明胶、牙
shí yàn cái liào　　yí cì xìng bēi zi　　tòu míng jiāo

签、小别针、直尺。
qiān　xiǎo bié zhēn　zhí chǐ

实验步骤：
shí yàn bù zhòu

1. 杯子倒扣，作为
bēi zi dào kòu　zuò wéi

天平的支架，并
tiān píng de zhī jià　bìng

将小别针粘在杯
jiāng xiǎo bié zhēn zhān zài bēi

子两侧。
zi liǎng cè

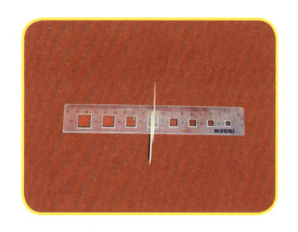

2.牙签粘在直尺中间，
作为天平的横梁。

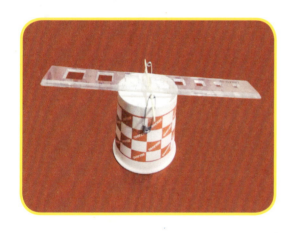

3.牙签两端穿到小
别针里面，直尺两端
就可以放上重物了。

研讨与反思

1.你的实验做了几次成功的？在下面
的三角形里涂上颜色（涂一个三角形表示
做了一次）。

2.如何让天平保持平衡？

拓展与延伸

1.仔细观察，记录身边常见的省力杠杆工具，如剪刀、钳子、羊角锤等。

2.如果天平两端放重量不同的物品，天平会向哪边倾斜呢？

16 会潜水的纸船
huì qián shuǐ de zhǐ chuán

俗话说："常在河边走，哪有不湿鞋。"
如果有人告诉你，漂在水上的小纸船即便
沉入水底也不会被打湿，你相信吗？

观察与发现

同学们，生活中你们一定折过纸船
吧。你们观察过在水面上漂浮的纸船吗？
侧翻的小纸船会不会被打湿呢？

探究与实践

不会湿的纸船
bú huì shī de zhǐ chuán

实验材料： 玻璃杯、一盆水、纸船。

shí yàn bù zhòu
实验步骤：

zhǔn bèi yī pén shuǐ jiāng zhǐ
1.准备一盆水，将纸

chuán fàng zài shuǐ miàn shàng cǐ
船放在水面上。此

shí zhǐ chuán huì piāo fú zài shuǐ
时，纸船会漂浮在水

miàn shàng
面上。

bǎ bō li bēi dào kòu chuí zhí
2.把玻璃杯倒扣，垂直

bìng màn màn de bǎ zhǐ chuán yā rù shuǐ
并慢慢地把纸船压入水

zhōng yì zhí yā dào shuǐ dǐ cǐ
中，一直压到水底。此

shí zhǐ chuán huì suí zhe bō li bēi
时，纸船会随着玻璃杯

yì qǐ màn màn xià chén dào shuǐ dǐ
一起慢慢下沉到水底。

^{bǎ bō li bēi màn màn de wǎng shàng tí zhǐ chuán huì}
3.把玻璃杯慢慢地往上提，纸船会

^{suí zhe bēi zi yì qǐ xiàng shàng zhí dào fú chū shuǐ}
随着杯子一起向上，直到浮出水

^{miàn ér zhǐ chuán què yì diǎn yě méi yǒu bèi dǎ shī}
面，而纸船却一点也没有被打湿。

研讨与反思

^{tóng xué men nǐ men de zhǐ chuán shì bú shì méi bèi dǎ}
1.同学们，你们的纸船是不是没被打

^{shī ne àn yāo qiú quān chū xiāng yìng de zhǐ chuán ba}
湿呢？按要求圈出相应的纸船吧！

^{zhǐ chuán bèi dǎ shī quān sān zhǐ chuán}
纸船被打湿圈三只船

^{zhǐ chuán méi yǒu bèi dǎ shī quān wǔ zhǐ chuán}
纸船没有被打湿圈五只船

chén rù shuǐ dǐ de zhǐ chuán wèi shén me bú huì bèi dǎ shī
2.沉入水底的纸船为什么不会被打湿？

拓展与延伸

dào kòu de bō li bēi lǐ miàn zhuāng mǎn le kōng qì dāng
1.倒扣的玻璃杯里面装满了空气，当

bō li bēi chuí zhí dào kòu jìn shuǐ lǐ shí bō li bēi nèi de kōng
玻璃杯垂直倒扣进水里时，玻璃杯内的空

qì huì jiāng zhǐ chuán yǔ shuǐ fèn gé kāi lái zhǐ chuán jiù bú huì bèi
气会将纸船与水分隔开来，纸船就不会被

dǎ shī
打湿。

dāng bō li bēi zài shuǐ zhōng héng fàng shí zhè zhǒng gé jué
2.当玻璃杯在水中横放时，这种隔绝

huán jìng bèi pò huài shuǐ jiù huì jìn rù bō li bēi nèi zhǐ chuán
环境被破坏，水就会进入玻璃杯内，纸船

yě jiù bèi dǎ shī le tóng xué men kè hòu bù fáng shì yi shì
也就被打湿了。同学们课后不妨试一试。

17 自制"无字天书"

大家一定在电视剧中看过这样的情节：古装剧中的"隐世高手"得到一本武功秘籍或者一幅画，上面什么都没有，但是用神秘药水喷一喷，本来一片空白的纸上竟神奇地出现字或画！同学们想过这是什么原理吗？

观察与发现

1.为什么用白色油画棒写的字能成为"无字天书"？

2.为什么用颜料能让字迹显现出来？

探究与实践

自制 "无字天书"
zì zhì "wú zì tiān shū"

实验材料：
shí yàn cái liào

白纸、白色油画棒、
bái zhǐ　bái sè yóu huà bàng

颜料、水粉笔。
yán liào　shuǐ fěn bǐ

实验步骤：
shí yàn bù zhòu

1.用白色油画棒，在白纸上写字
yòng bái sè yóu huà bàng　zài bái zhǐ shàng xiě zì

或画画。此时白纸上是看不见字
huò huà huà　cǐ shí bái zhǐ shàng shì kàn bu jiàn zì

或画的。
huò huà de

zhǔn bèi hǎo shuǐ fěn bǐ hé
2.准备好水粉笔和

yán liào
颜料。

yòng shuǐ fěn bǐ zhàn shàng yán liào
3.用水粉笔蘸上颜料

tú zài bái zhǐ shàng　　wén zì huò
涂在白纸上，文字或

huà jiù huì xiǎn shì chū lái la
画就会显示出来啦。

研讨与反思

shí yàn zuò wán le　　nǐ men de　　wú zì tiān shū　　chéng gōng
1.实验做完了，你们的"无字天书"成功

le ma　　zài xiāng yìng de xiǎo hóng huā shàng tú shàng zì jǐ xǐ huan de
了吗？在相应的小红花上涂上自己喜欢的

yán sè ba
颜色吧。

wán chéng bù zhòu 完成步骤1	✿ ✿ ✿ ✿ ✿
wán chéng bù zhòu 完成步骤2	✿ ✿ ✿ ✿ ✿
wán chéng bù zhòu 完成步骤3	✿ ✿ ✿ ✿ ✿

2.除了颜料和油画棒，还有别的东西能制作"无字天书"吗？

拓展与延伸

除了白色油画棒能制作"无字天书"外，荧光墨水也有同样的功能。用荧光墨水印刷的防伪标识或标签，在正常光线下难以察觉，但在紫外线照射下会发出明显的荧光，从而有效防止伪造和篡改。这种技术被广泛应用于钞票、护照、身份证、驾驶证等重要证件的防伪，以及药品、化妆品、奢侈品等商品的防伪包装上。

18 我的纸风车

在微风中轻盈旋转的纸风车，似乎能带走一切烦恼。它们色彩斑斓，在阳光下折射出耀眼的光芒，宛如一幅动人的风景画，承载着欢乐与梦想。纸风车是如何转起来的呢？

观察与发现

纸风车由一个中心轴和多个叶片组成。当风吹过叶片时，叶片鼓起来的那部分就会被推着走，而它凹进去的地方，就会遇到风的阻力。这种力量差，使得纸风车转了起来。

🔬探究与实践

zì zhì zhǐ fēng chē

自制纸风车

实验材料： 正方形彩纸、订书机、棉签、剪刀、吸管。

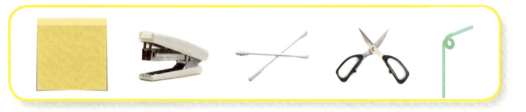

实验步骤：

1.将正方形彩纸沿对角线对折，对折后再展开，得到正方形的中心点。

2.沿着折痕将对角线剪开，但不要剪断，中间留出2厘米左右的连接部分。

jiāng jiǎn kāi de sì gè jiǎo yī cì
3.将剪开的四个角依次

zhé xiàng zhǐ de zhōng xīn diǎn
折向纸的中心点。

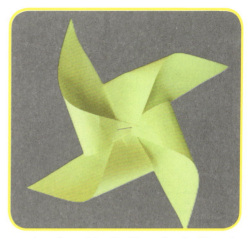

yòng dìng shū jī jiāng sì gè jiǎo gù
4.用订书机将四个角固

dìng zài zhōng xīn diǎn shàng
定在中心点上。

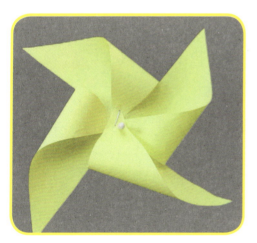

jiāng mián qiān cóng zhōng jiān jiǎn
5.将棉签从中间剪

duàn zài zài zhōng xīn diǎn shàng chuō
断，再在中心点上戳

yí gè xiǎo dòng jiāng jiǎn duàn
一个小洞，将剪断

de mián qiān chuān guò qu
的棉签穿过去。

jiāng mián qiān gù dìng zài xī guǎn
6.将棉签固定在吸管

shàng zhǐ fēng chē jiù zuò hǎo le
上，纸风车就做好了。

kuài duì zhe yè piàn chuī kǒu qì
快对着叶片吹口气，

ràng tā xuán zhuàn qǐ lái ba
让它旋转起来吧。

温馨提示

kě yǐ xuǎn zé yìng yì diǎn de zhǐ zhāng, shǐ fēng chē gèng jiā nài yòng
1. 可以选择硬一点的纸张，使风车更加耐用。

shǐ yòng jiǎn dāo shí yào zhù yì ān quán
2. 使用剪刀时要注意安全。

研讨与反思

zhǐ fēng chē zhì zuò wán chéng hòu, xīn shǎng tā xuán zhuǎn de shùn jiān, fǎng fú néng tīng dào fēng de huān gē. nǐ de zhǐ fēng chē zhuàn qǐ lái le ma? zài duì yìng de kuò hào zhōng huà "√".
纸风车制作完成后，欣赏它旋转的瞬间，仿佛能听到风的欢歌。你的纸风车转起来了吗？在对应的括号中画“√”。

zhuàn qǐ lái le
（ ）转起来了

méi yǒu zhuàn qǐ lái
（ ）没有转起来

拓展与延伸

zhǐ fēng chē de xuán zhuǎn wèi wǒ men dài lái le huān lè, ér fēng lì fā diàn hé fēng sù yí de xuán zhuǎn, yòu wèi wǒ men tí gōng le néng yuán hé yìng yòng jià zhí.
1. 纸风车的旋转为我们带来了欢乐，而风力发电和风速仪的旋转，又为我们提供了能源和应用价值。

fēng lì fā diàn
风力发电

fēng sù yí
风速仪

　　　　kě yǐ zài zhǐ fēng chē shàng huà zì jǐ xǐ huan de tú àn
　2.可以在纸风车上画自己喜欢的图案、

xiě zhù fú de huà yǔ　　　ràng nǐ de zhǐ fēng chē chéng wéi dú yī wú
写祝福的话语，让你的纸风车成为独一无

èr de yì shù pǐn
二的艺术品。

19 制作风向标

风向标在战场上可以帮助指挥官制定作战计划，提高战争胜算；在航海时可以辅助船长确定航线，避免触礁；在农业上可以帮助气象员预测天气变化，指导农民合理安排农事活动。

观察与发现

在我国古代，风向标常用凤凰、龙等形象，它们不仅是风向的指引，更是吉祥的象征，承载着古人对美好未来的无限憧憬。随着时代的推移，风向标的设计和功能不断完善，成为气象观测的重要工具。

探究与实践

zì zhì fēng xiàng biāo
自制风向标

cái liào zhǔn bèi
材料准备： yìng kǎ zhǐ dà tóu dīng xī guǎn
硬卡纸、大头钉、吸管、

qiān bǐ jiǎn dāo
铅笔、剪刀。

zhì zuò bù zhòu
制作步骤：

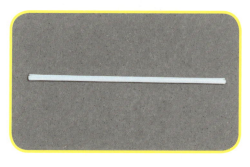

zài xī guǎn liǎng duān zòng xiàng jiǎn
1.在吸管两端纵向剪
kāi lí mǐ fèng xì liǎng gè
开1厘米缝隙，两个
fèng xì yào bǎo zhèng píng xíng
缝隙要保证平行。

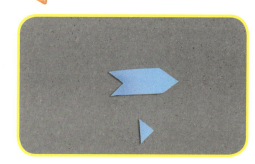

jiāng yìng kǎ zhǐ jiǎn chū jiàn
2.将硬卡纸剪出箭
tóu hé shāo dà de jiàn yì
头和稍大的箭翼。

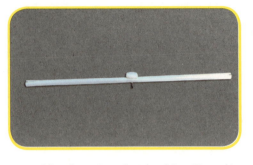

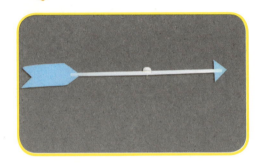

zhǎo dào xī guǎn de zhōng jiān wèi
3.找到吸管的中间位

zhì　　chā rù bìng xuán zhuǎn dà tóu
置，插入并旋转大头

zhēn　　yǐ bǎo zhèng xī guǎn kě yǐ
针，以保证吸管可以

shùn chàng xuán zhuǎn
360° 顺畅旋转。

jiāng jiàn tóu hé jiàn yì chā rù
4.将箭头和箭翼插入

xī guǎn liǎng duān de fèng xì chù
吸管两端的缝隙处，

bìng jiā gù
并加固。

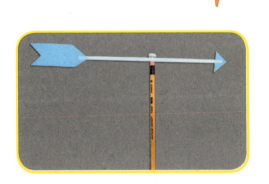

jiāng dà tóu zhēn chā jìn qiān bǐ
5.将大头针插进铅笔

dǐng duān de xiàng pí cā lǐ　　jìn
顶端的橡皮擦里，进

xíng gù dìng　　shǐ fēng xiàng biāo néng
行固定，使风向标能

zì yóu zhuàn dòng
自由转动。

qù yǒu fēng de dì fang cè shì
6.去有风的地方测试

fēng xiàng biāo　　fēng xiàng yì bān yòng
风向标。风向一般用

gè fāng wèi biǎo shì　　fēn bié wéi
8个方位表示，分别为

běi　　dōng běi　　dōng　　dōng nán
北、东北、东、东南、

nán　　xī nán　　xī　　xī běi
南、西南、西、西北。

温馨提示

jǐn liàng xuǎn zé jiào yìng de kǎ zhǐ hé xī guǎn
1. 尽量选择较硬的卡纸和吸管。

shǐ yòng jiǎn dāo shí yào zhù yì ān quán
2. 使用剪刀时要注意安全。

研讨与反思

nǐ de fēng xiàng biāo néng zhǐ shì fāng xiàng ma shì jiàn tóu zhǐ shì fēng de fāng xiàng hái shi jiàn yì zhǐ shì fēng de fāng xiàng ne
1. 你的风向标能指示方向吗？是箭头指示风的方向还是箭翼指示风的方向呢？

fēng xiàng biāo zhì zuò wán chéng hòu kě jiāng tā fàng zài yáng tái huò tíng yuàn zhōng suí shí guān chá fēng xiàng biàn huà
2. 风向标制作完成后，可将它放在阳台或庭院中，随时观察风向变化。

拓展与延伸

fēng jiù xiàng dà zì rán de zhǐ huī jiā fēng cóng nǎ lǐ lái ne wǒ men kě yǐ guān chá shù yè de yáo yè fāng xiàng shuǐ miàn bō wén de yí dòng fāng xiàng niǎor fēi xiáng de guǐ jì hái kě yǐ wén yi wén kōng qì zhōng de wèi dào
风就像大自然的指挥家，风从哪里来呢？我们可以观察树叶的摇曳方向、水面波纹的移动方向、鸟儿飞翔的轨迹，还可以闻一闻空气中的味道。

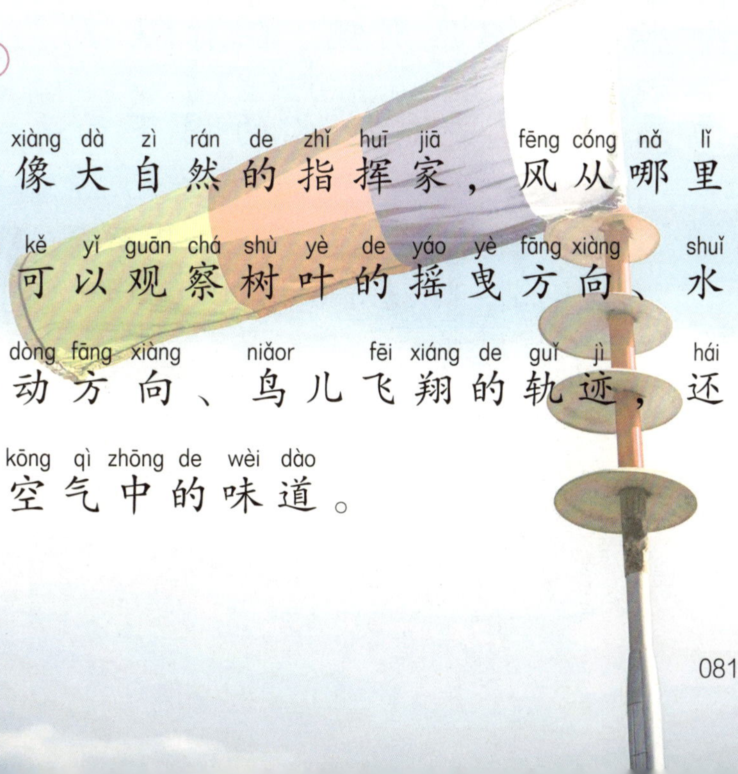

yǔ shuǐ dà biàn shēn
雨水大变身

yǔ shuǐ　　　tā zī rùn le dà dì　　gěi wàn wù dài lái le shēng jī
雨水，它滋润了大地，给万物带来了生机。

yīn cǐ　　měi yì dī yǔ shuǐ dōu xiǎn de gé wài zhēn guì　　wǒ men yào
因此，每一滴雨水都显得格外珍贵。我们要

xué huì jié yuē yòng shuǐ　　　wèi bǎo hù shuǐ zī yuán jìn yí fèn lì
学会节约用水，为保护水资源尽一份力。

观察与发现

nǐ men zài shēng huó zhōng guān chá guo yǔ shuǐ ma　　yǔ shuǐ hé
1.你们在生活中观察过雨水吗？雨水和

chún jìng shuǐ yǒu shén me qū bié ne　　zài nǐ rèn wéi shì yǔ shuǐ de tú
纯净水有什么区别呢？在你认为是雨水的图

xià miàn huà　　　　　shì chún jìng shuǐ de tú xià miàn huà
下面画"√"，是纯净水的图下面画"○"。

（　　　）

（　　　）

2.如果雨水能变干净，是不是可以再利用呢？请你想一想如何把雨水变干净。

🌐 探究与实践

净化雨水

实验材料： 浑浊的雨水、塑料瓶、棉柔巾、沙子、剪刀。

实验步骤：

1.用剪刀把塑料瓶剪开，一半当漏斗，一半当杯子。

2.将棉柔巾对折两次，放在漏斗底部。

fàng rù shā zi   pū píng
3. 放入沙子，铺平。

bǎ lòu dǒu fàng zhì zài bēi zi
4. 把漏斗放置在杯子

shàng   zài wǎng lòu dǒu lǐ màn màn
上，再往漏斗里慢慢

dào rù hún zhuó de yǔ shuǐ
倒入浑浊的雨水。

qiáo   lòu xià lái de yǔ shuǐ
5. 瞧，漏下来的雨水

biàn qīng chè le
变清澈了。

温馨提示

shǐ yòng jiǎn dāo shí yào zhù yì ān quán
1. 使用剪刀时要注意安全。

biàn qīng chè de yǔ shuǐ bù néng zhí jiē yǐn yòng o
2. 变清澈的雨水不能直接饮用哦！

⧖ 研讨与反思

1.你将浑浊的雨水过滤清澈了吗？根据自己的表现给星星涂上自己喜欢的颜色吧！

不清澈	🌢 🌢 🌢 🌢 🌢
较清澈	🌢 🌢 🌢 🌢 🌢
很清澈	🌢 🌢 🌢 🌢 🌢

2.导致过滤后的雨水清澈程度不一样的原因是什么？如果用小石子、大石头代替沙子，过滤后的雨水又是怎样的呢？同学们不妨课后试一试。

✦ 拓展与延伸

1.同学们，将雨水过滤清澈是不是很有成就感呢！说一说过滤清澈的雨水有什么用处吧。

2.雨水是一种宝贵的自然资源。它的水质污染较轻，经过分流后，可直接排入河道。雨水经过自然沉淀后，还可用于景观绿化、浇洒道路等。

同学们，让我们一起节约用水，珍惜水资源，保护地球生态环境吧！

魔术流体

有一种流体，当你轻轻地触摸它时，它像水一样柔软，但当你用力去打它时，它会变得坚硬无比，就像一块石头。这种神奇的流体就是非牛顿流体，非牛顿流体的存在挑战了我们对液体和固体的传统认知，它既不是纯粹的液体，也不是典型的固体，而是介于两者之间的一种奇妙状态。

观察与发现

1.什么是非牛顿流体？

2.为什么流体的硬度会发生变化？

🌐 探究与实践

制作非牛顿流体
zhì zuò fēi niú dùn liú tǐ

实验材料： 玉米淀粉、盘子、水、勺子、硬币。

实验步骤：

1. 在盘中加入大约两杯玉米淀粉。

wǎng pán zhōng màn màn de jiā rù dà yuē yì bēi shuǐ　　chí xù jiǎo bàn
2.往盘中慢慢地加入大约一杯水，持续搅拌

zhí zhì hùn hé jūn yún
直至混合均匀。

ràng hùn hé wù jìng zhì yí huìr　　guān chá tā　　cǐ shí　　tā
3.让混合物静置一会儿，观察它。此时，它

kàn qǐ lái xiàng shì nóng chóu de yè tǐ　　yòng shǒu zhǐ huò qí tā wù tǐ
看起来像是浓稠的液体，用手指或其他物体

kuài sù chuō tā de biǎo miàn　　nǐ huì fā xiàn tā sì hū biàn yìng le
快速戳它的表面，你会发现它似乎变硬了，

bú huì xiàng pǔ tōng de yè tǐ nà yàng āo xiàn xià qù
不会像普通的液体那样凹陷下去。

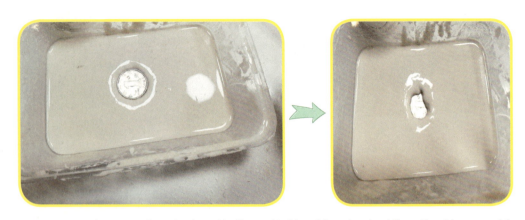

4.轻轻地将一枚硬币放在混合物的表面上，不要用力下压。如果硬币暂时浮在表面上，而不是立即下沉，说明你的非牛顿流体制作成功了。

研讨与反思

1.你的"非牛顿流体"实验做成功了吗？根据自己的表现给星星涂上自己喜欢的颜色吧！

完成步骤1	☆ ☆ ☆ ☆ ☆
完成步骤2	☆ ☆ ☆ ☆ ☆
完成步骤3和4	☆ ☆ ☆ ☆ ☆

2.为什么当我们轻轻地将硬币放在非牛顿流体上时，硬币可以暂时浮在表面上而不下沉？

拓展与延伸

有一种防弹衣叫"液体防弹衣"，是由特殊材料——剪切增稠液体制作而成。这种特殊液体材料在受到子弹撞击后，会迅速变厚变硬，吸收并分散冲击能量，从而保护穿戴者不受伤害。

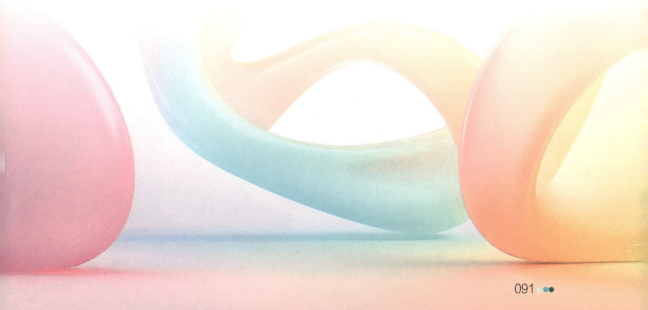

回形针浮起来了

我们都知道纸片和树叶可以浮在水面上。可如果我告诉你们回形针也能浮在水面上，你们相信吗？

 观察与发现

荷叶上的水珠，水龙头缓缓垂下的水滴，这些现象都是在水的表面张力作用下形成的。

探究与实践

huì piāo fú de huí xíng zhēn
会 漂 浮 的 回 形 针

shí yàn cái liào　　　　yì wǎn qīng shuǐ 　 zhǐ jīn 　 huí xíng zhēn
实验材料：一 碗 清 水 、纸 巾 、回 形 针 。

shí yàn bù zhòu
实验步骤：

jiāng huí xíng zhēn zhí jiē fàng rù shuǐ
1.将 回 形 针 直 接 放 入 水
zhōng 　　 huí xíng zhēn huì chén rù shuǐ dǐ
中 ，回 形 针 会 沉 入 水 底 。

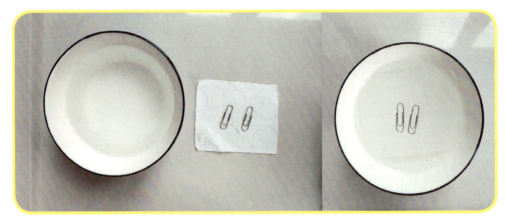

jiāng huí xíng zhēn xiān fàng zài zhǐ jīn shàng　zài fàng rù shuǐ zhōng

2.将回形针先放在纸巾上，再放入水中。

děng dài zhǐ jīn chén rù shuǐ

3.等待纸巾沉入水

zhōng　guān chá huí xíng zhēn shì fǒu

中。观察回形针是否

huì piāo fú zài shuǐ miàn shàng

会漂浮在水面上。

⧖ 研讨与反思

zhè ge shí yàn nǐ zuò le jǐ cì cái chéng gōng ne　gēn jù

1.这个实验你做了几次才成功呢？根据

zì jǐ de biǎo xiàn gěi xīng xing tú shàng zì jǐ xǐ huan de yán sè ba

自己的表现给星星涂上自己喜欢的颜色吧！

2. 用一枚一角钱的硬币代替回形针重做
这个实验，看看硬币是否会浮在水面上。

拓展与延伸

荷叶上的水珠是圆的，这是因为水的表面张力使得液体表面有自动缩小的趋势，形成最小的表面积，即球形。

水龙头下会悬挂水滴，是因为水流在结束时，水的表面张力使得水流不断收缩，从而形成悬挂的水珠。

生活中还有哪些现象跟水的表面张力作用有关呢？

会站立的牙签

在日常生活中，隐藏着无数令人惊叹的奇迹。今天，让我们一起来探索一根普通牙签如何挑战重力的束缚，展现令人难以置信的站立姿态。

观察与发现

同学们，你们用过牙签吗？在我们的生活中，小小的牙签发挥着重要的作用，它可以帮助我们清理牙缝中的食物残渣。观察过牙签的同学肯定知道，牙签的两端小而尖，正常情况下它是无法站立的。

探究与实践

huì zhàn lì de yá qiān
会 站 立 的 牙 签

shí yàn cái liào　　yá qiān　　qīng shuǐ　　xǐ jié jīng
实验材料： 牙签、清水、洗洁精。

shí yàn bù zhòu
实验步骤：

fàng zhì yá qiān　　bēi zhōng dào
1.放置牙签：杯中倒

rù qīng shuǐ　　bǎ yì gēn yá qiān qīng qīng
入清水，把一根牙签轻轻

de píng fàng zài shuǐ miàn shàng　　bì miǎn zhí
地平放在水面上，避免直

jiē jiē chù róng qì biān yuán　　cǐ shí
接接触容器边缘。此时，

yá qiān huì fú zài shuǐ miàn shàng ér bú huì
牙签会浮在水面上而不会

chén rù shuǐ zhōng
沉入水中。

温馨提示

如果牙签立刻沉入水中，可能是因为你的动作太重了，破坏了水的表面张力。尝试再次轻放，直至成功。

2.尝试站立：一旦牙签浮在水面上，尝试轻轻调整它的位置，寻找那个能让牙签站立的平衡点。这需要一些耐心，因为牙签很容易翻转或漂移。

3.加入洗洁精：在水里加入洗洁精，搅拌出丰富的泡沫，再次插入牙签。你会发现牙签全部立起来了。

研讨与反思

nǐ de yá qiān lì qǐ lái le ma? gēn jù zì jǐ de
1. 你的牙签立起来了吗？根据自己的
biǎo xiàn gěi xīng xing tú shàng zì jǐ xǐ huan de yán sè ba
表现给星星涂上自己喜欢的颜色吧！

lì le yì gēn 立了一根	☆☆☆☆☆
lì le liǎng gēn 立了两根	☆☆☆☆☆
quán bù lì qǐ lái le 全部立起来了	☆☆☆☆☆

wèi shén me jiā rù xǐ jié jīng hòu yá qiān jiù néng zhàn lì
2. 为什么加入洗洁精后牙签就能站立
le ne
了呢？

拓展与延伸

qīng chén níng jù zài yè piàn shàng de shuǐ dī、shuǐ lóng tóu huǎn
清晨凝聚在叶片上的水滴、水龙头缓
huǎn chuí xià de shuǐ dī，yǐ jí shuǐ mǐn néng gòu zhàn zài shuǐ miàn shàng，
缓垂下的水滴，以及水黾能够站在水面上，
zhè xiē xiàn xiàng dōu shì zài shuǐ de biǎo miàn zhāng lì de zuò yòng xià xíng
这些现象都是在水的表面张力的作用下形
chéng de
成的。

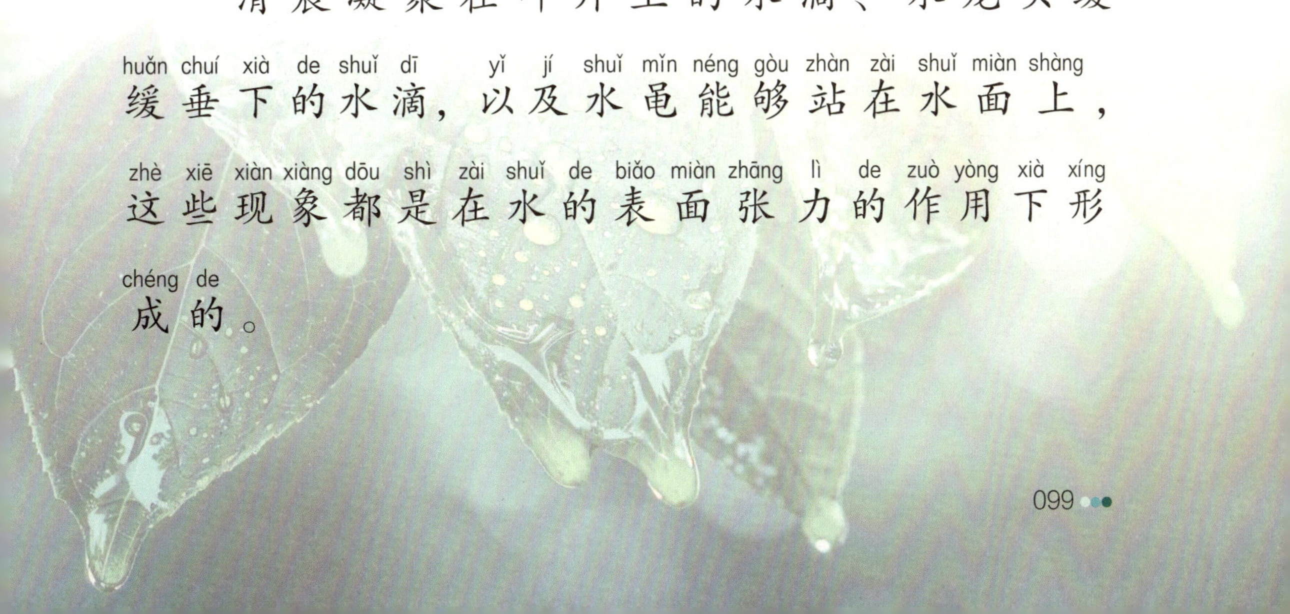

24 总也不会倒的不倒翁

猜谜语："一位老公公，身小力气大。早晚精神好，推他永不倒。"不错，它就是不倒翁！为什么它总能摇摇晃晃却永远都不会倒下去呢？

观察与发现

不倒翁的样子虽然各式各样，但外形都是头尖尖的，肚子圆圆的。这是为什么呢？

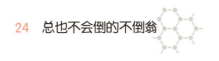

探究与实践

zì zhì bù dǎo wēng
自制不倒翁

cái liào zhǔn bèi   jiǎn dāo   měi gōng dāo   gù tǐ jiāo
材料准备： 剪刀、美工刀、固体胶、

gōu xiàn bǐ   yuán xíng kǎ zhǐ   pào pao qiú   nián tǔ
勾线笔、圆形卡纸、泡泡球、黏土。

zhì zuò bù zhòu
制作步骤：

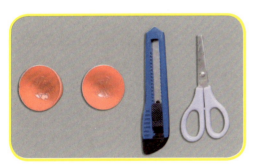

yòng měi gōng dāo bǎ pào pao qiú
1.用美工刀把泡泡球

fēn chéng liǎng bàn
分成两半。

qǔ bù fen nián tǔ fàng rù bàn gè
2.取部分黏土放入半个

pào pao qiú zhōng
泡泡球中。

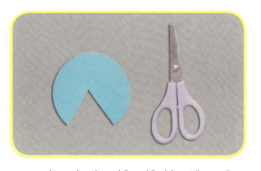 

3.在圆形卡纸上剪下
zài yuán xíng kǎ zhǐ shàng jiǎn xià

一个扇形。
yí gè shàn xíng

4.把扇形卡纸卷成圆
bǎ shàn xíng kǎ zhǐ juǎn chéng yuán

锥，再用固体胶粘牢。
zhuī zài yòng gù tǐ jiāo zhān láo

5.把圆锥放置在泡泡球上，
bǎ yuán zhuī fàng zhì zài pào pao qiú shàng

用固体胶把圆锥底部与泡泡
yòng gù tǐ jiāo bǎ yuán zhuī dǐ bù yǔ pào pao

球粘牢，画上笑脸。
qiú zhān láo huà shàng xiào liǎn

温馨提示

使用美工刀切割泡泡球时，一定
shǐ yòng měi gōng dāo qiē gē pào pao qiú shí yí dìng

要在家长或老师的陪同下进行！
yào zài jiā zhǎng huò lǎo shī de péi tóng xià jìn xíng

研讨与反思

1.你的不倒翁制作成功了吗？用"√"
nǐ de bù dǎo wēng zhì zuò chéng gōng le ma yòng

勾出你的表情吧！
gōu chū nǐ de biǎo qíng ba

2.用沙子、豆粒等其他材料，代替泡泡球内的黏土填充物，再拨动不倒翁，观察它的变化。

拓展与延伸

不倒翁上轻下重，底部放置了较重的黏土，所以它的重心很低，底面大而圆滑，很容易摆动。当不倒翁向一边倾斜时，重心和支点就不在同一条垂直线上，重力的作用会使它绕支点摆动，并恢复到正常的位置。因此，无论不倒翁如何摇摆，总能重新站立。

只有将不倒翁里面的物体固定了，才有可能使不倒翁不倒。

无处不在的摩擦力

在我们的生活中，摩擦力虽然看不见，也摸不着，但与我们的生活息息相关。如果没有了摩擦力，我们的生活可能会乱作一团。

观察与发现

1.联系生活说一说你身边的摩擦力现象。

2.摩擦力既看不见也摸不着，我们要怎样才能感受到它呢？

探究与实践

huì zhàn lì de jī dàn
会 站 立 的 鸡 蛋

shí yàn cái liào　　　　shí yòng yán　　　jī dàn
实验材料：食 用 盐 、 鸡 蛋 。

shí yàn bù zhòu
实验步骤：

zài zhuō miàn shàng sǎ shì liàng shí
1.在 桌 面 上 撒 适 量 食

yòng yán
用 盐 。

shǒu ná jī dàn ràng tā de rèn yì
2.手 拿 鸡 蛋 让 它 的 任 意

yì duān yǔ shí yòng yán chōng fèn jiē chù
一 端 与 食 用 盐 充 分 接 触 。

3.尝试寻找能让鸡蛋稳定的摆放角度，直到鸡蛋站立。

🕰️ 研讨与反思

1.你的鸡蛋成功站立了吗？在相应的实验结果后面画"√"。

不能站立（　　　）　　　　能站立（　　　）

2.食用盐为什么能让鸡蛋站立？还有什么材料能让鸡蛋站立呢？同学们不妨课后试一试哦！

 拓展与延伸

1.粗糙的食用盐增加了鸡蛋一端的摩擦力，同时，鸡蛋一端和食用盐颗粒在桌面上共同形成了一个稳固的支撑结构。这个结构相当于也增大了鸡蛋和桌面的接触面积，从而使鸡蛋得以站立。试想：一根粗壮的树干是不是比一根细而光滑的树枝更容易立在地面上呢？

2.同学们，通过这节课的学习，你们一定对摩擦力有了新的认识。回家后，大家可以和父母寻找更多摩擦力带来的神奇现象。

107

26 纸片托水

大家在电影中见过海上风暴吗？风暴十分强大，在海里可以掀起百米巨浪，稍有不慎，航船就会被掀翻。风暴在陆地上的力量也很强大，可以引发多种自然灾害，甚至可以掀翻建筑。

那么，风暴是怎么形成的呢？它跟什么因素有关？又为何会有如此强大的能量呢？

观察与发现

吸盘挂衣钩能紧贴在墙上，吸管能将饮料送入口中，这些都是大气压强的作用。

探究与实践

gǎn shòu dà qì yā qiáng
感受大气压强

shí yàn cái liào   shuǐ pén   yì píng shuǐ   bō li píng
实验材料： 水盆、一瓶水、玻璃瓶、

yá qiān   zhǐ piàn
牙签、纸片。

shí yàn bù zhòu
实验步骤：

wǎng bō li píng lǐ jiā mǎn shuǐ
1.往玻璃瓶里加满水。

jiāng zhǐ piàn píng tiē zài píng kǒu
2.将纸片平贴在瓶口

shàng miàn   jìng zhì   miǎo zhōng
上面，静置5秒钟。

yòng shǒu àn zhù píng kǒu
3. 用手按住瓶口，

kuài sù jiāng píng zi dào lì
快速将瓶子倒立。

zài màn màn jiāng shǒu ná kāi
再慢慢将手拿开，

shuǐ bú huì liú chū lái
水不会流出来。

zài zhǐ piàn shàng chā rù yá qiān shuǐ
4. 在纸片上插入牙签，水

yě bú huì liú chū lái
也不会流出来。

研讨与反思

zhè ge shí yàn nǐ zuò le jǐ cì cái chéng gōng ne zài
1. 这个实验你做了几次才成功呢？在

zhèng què de cì shù hòu miàn huà
正确的次数后面画"√"。

cì   cì
A. 1 次（　　）　　B. 2 次（　　　）

cì   cì jí yǐ shàng
C. 3 次（　　）　　D. 4 次及以上（　　）

2.更换厚薄不同的纸片和瓶口大小不同的杯子，重新做实验，看能否成功。

拓展与延伸

1.读一读：地球的周围有一层厚厚的大气层，它们受到地球的吸引并且具有流动性，会对浸入其中的物体产生压强，这个压强就被称为大气压强。风暴的形成就跟大气压强有关，它是由几股气流在大气压强的作用下形成的。

2.查找资料：风暴的类型有哪些？

红太阳的秘密

太阳，是一个炽热的恒星，给予我们无尽的光和热，慷慨地照亮并温暖着地球。每一缕阳光都是太阳的馈赠，它穿越太空的浩瀚，越过云层的遮挡，最终洒向大地，滋养着万物生长。太阳，是生命之源，是希望之光，它的存在，让地球充满了生机与活力。

观察与发现

1. 联系自己的生活，说一说一天中太阳颜色的变化。

2. 为什么日出和日落时的太阳看起来格外红？

 探究与实践

bēi zhōng rì chū
杯中日出

shí yàn cái liào　　　　　shǒu diàn tǒng　　dī guǎn　　jiǎo bàn bàng
实 验 材 料： 手 电 筒 、 滴 管 、 搅 拌 棒 、

zhuāng yǒu shuǐ de bō li bēi　　niú nǎi
装 有 水 的 玻 璃 杯 、 牛 奶 。

shí yàn bù zhòu
实 验 步 骤：

yòng dī guǎn jiāng　　dī niú nǎi　　　　　yòng jiǎo bàn bàng jiǎo bàn jūn yún
1.用 滴 管 将 2 滴 牛 奶　　　2.用 搅 拌 棒 搅 拌 均 匀 。

dī rù zhuāng yǒu shuǐ de bō li
滴 入 装 有 水 的 玻 璃

bēi zhōng
杯 中 。

3.将室内光线调暗，打开手电筒，从玻璃杯底部向上照射，从顶部观察。

研讨与反思

1.你看见杯中的日出了吗？根据自己的表现给星星涂上自己喜欢的颜色吧！

看不到	☆ ☆ ☆ ☆ ☆
较模糊	☆ ☆ ☆ ☆ ☆
很清晰	☆ ☆ ☆ ☆ ☆

2.为什么杯中会出现一个红红的"太阳"呢？

114

拓展与延伸

1.清晨和傍晚，太阳光斜着穿过大气层，只有红色光和少数橙色光能成功穿过，其他色光则被反射出去。

思考：为什么正午时，太阳的颜色变得接近白色呢？

2.光的散射现象在日常生活中随处可见，除了日出和日落时太阳特别红与之相关外，还有许多其他现象等待你们去发现。

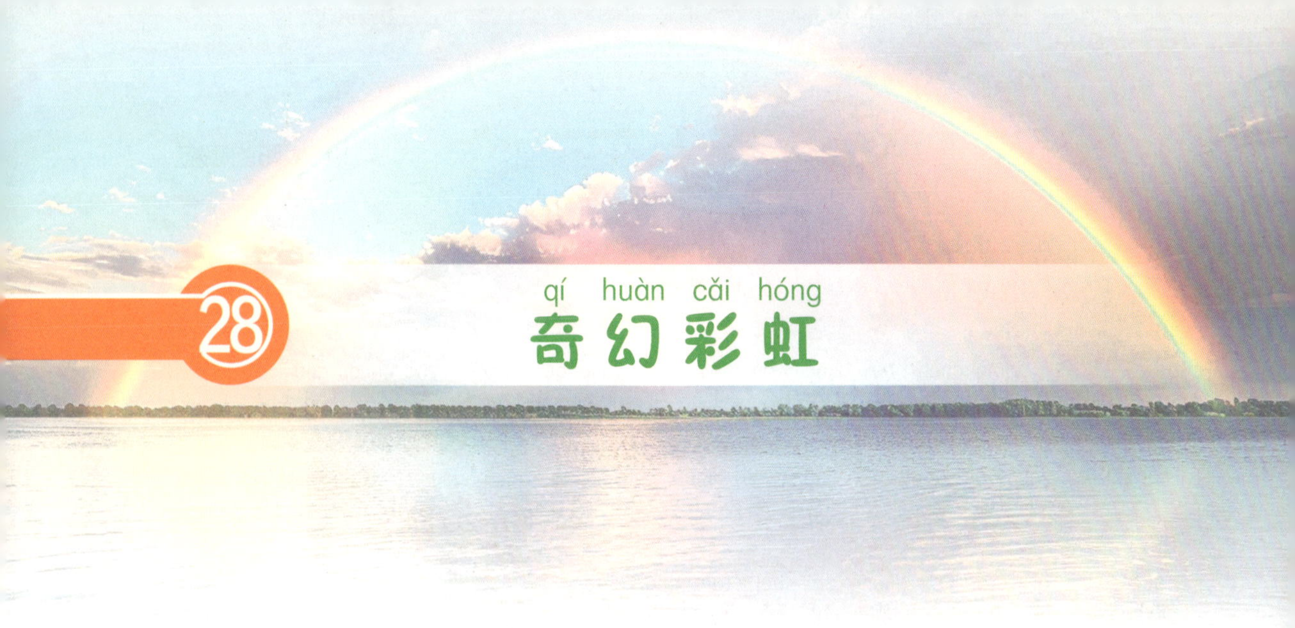

qí huàn cǎi hóng

28 奇幻彩虹

yǔ hòu de tiān kōng, yí dào cǎi hóng rú yí zuò cǎi sè de qiáo liáng héng kuà tiān jì. cǎi hóng de chū xiàn, zǒng shì gěi rén men dài lái měi hǎo de yù yì, xiàng zhēng zhe xī wàng、hǎo yùn yǔ hé xié.

雨后的天空，一道彩虹如一座彩色的桥梁横跨天际。彩虹的出现，总是给人们带来美好的寓意，象征着希望、好运与和谐。

观察与发现

cǎi hóng de yán sè shì nǎ qī zhǒng

1. 彩虹的颜色是哪七种？

shēng huó zhōng, wǒ men shén me shí hou néng kàn dào cǎi hóng

2. 生活中，我们什么时候能看到彩虹？

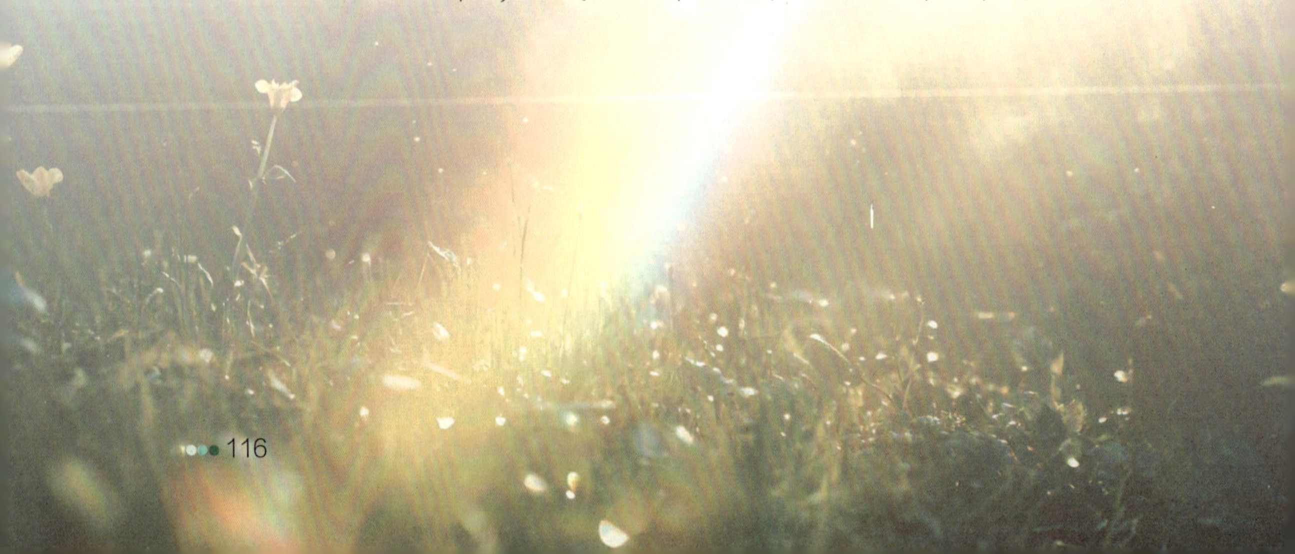

探究与实践

彩虹投影
cǎi hóng tóu yǐng

实验材料：剪刀、透明胶带、七彩马
shí yàn cái liào jiǎn dāo tòu míng jiāo dài qī cǎi mǎ

克笔、手电筒。
kè bǐ shǒu diàn tǒng

实验步骤：
shí yàn bù zhòu

1. 剪下一段透明胶带
jiǎn xià yí duàn tòu míng jiāo dài

粘贴在胶带底部。
zhān tiē zài jiāo dài dǐ bù

2. 用马克笔在粘贴好
yòng mǎ kè bǐ zài zhān tiē hǎo

的透明胶带上涂上彩
de tòu míng jiāo dài shàng tú shàng cǎi

虹的七种颜色。
hóng de qī zhǒng yán sè

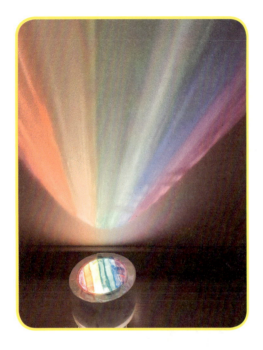

jiāng shì nèi guāng xiàn tiáo àn
3.将室内光线调暗，

dǎ kāi shǒu diàn tǒng   zhào shè
打开手电筒，照射

tòu míng jiāo dài   bǎ guāng yǐng
透明胶带，把光影

tóu dào qiáng bì shàng
投到墙壁上。

研讨与反思

nǐ de   cǎi hóng   chū xiàn le ma   gēn jù zì jǐ
1.你的"彩虹"出现了吗？根据自己

de biǎo xiàn gěi xīng xing tú shàng zì jǐ xǐ huan de yán sè ba
的表现给星星涂上自己喜欢的颜色吧！

kàn bu dào 看不到	☆ ☆ ☆ ☆ ☆
jiào mó hu 较模糊	☆ ☆ ☆ ☆ ☆
hěn qīng xī 很清晰	☆ ☆ ☆ ☆ ☆

wèi shén me qiáng bì shàng huì chū xiàn   cǎi hóng   ne
2.为什么墙壁上会出现"彩虹"呢？

拓展与延伸

1.光在传播过程中，遇到透明物体或半透明物体时，能够穿过物体或部分穿过物体继续传播。

思考：当光遇到不透明的物体时会出现什么现象？

2.雨后，空气中充满着无数个能偏折日光的小"棱镜"——水滴。当阳光经过水滴时，不仅太阳光的方向改变了，而且太阳光被分解成红、橙、黄、绿、青、蓝、紫七色光，如果角度适宜，就成了我们所看到的彩虹。

思考：为什么过了一会儿，彩虹又不见了呢？

独一无二的指纹

指纹，作为个人的"独家签名"，它不仅是身份的重要标识，更在科技发展中扮演着重要角色。每个人的指纹都是独一无二的，这就像是大自然给每个人发了一张专属的身份证。

观察与发现

当我们还是胎儿的时候，指纹便开始形成。随着皮肤的发育，指纹逐渐定型。这个过程会受遗传基因、环境等因素的影响。

探究与实践

tà yìn zhǐ wén
拓印指纹

shí yàn cái liào   bái zhǐ   yìn ní   fàng dà jìng
实验材料： 白纸、印泥、放大镜。

shí yàn bù zhòu
实验步骤：

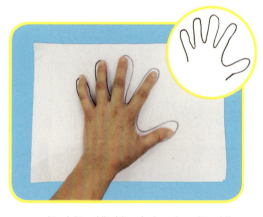

zài bái zhǐ shàng huà yì zhī shǒu
1. 在白纸上画一只手
de xíng zhuàng
的形状。

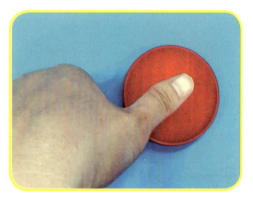

jiāng shǒu zhǐ àn zài yìn ní
2. 将手指按在印泥
shàng   shǐ shǒu zhǐ jūn yún zhān
上，使手指均匀沾
rǎn yìn ní
染印泥。

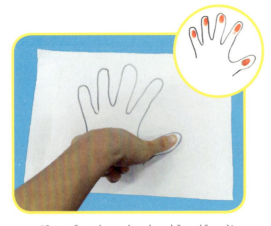

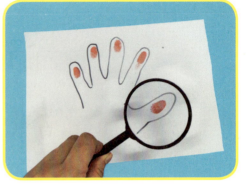

jiāng yǒu yìn ní de shǒu zhǐ zài
3.将有印泥的手指在

zhǐ shàng qīng qīng àn yā   shǐ zhǐ
纸上轻轻按压，使指

wén zài zhǐ shàng zhuó sè
纹在纸上着色。

tà yìn wán chéng hòu   yòng gān
4.拓印完成后，用干

jìng de bù cā shì shǒu zhǐ   zài
净的布擦拭手指，再

yòng fàng dà jìng zǐ xì guān chá
用放大镜仔细观察。

温馨提示

yìn ní bú yào zhān de tài hòu   yǐ miǎn yǐng
1.印泥不要沾得太厚，以免影

xiǎng zhǐ wén de qīng xī dù
响指纹的清晰度。

tà yìn shí lì dù yào qīng róu   bì miǎn yòng
2.拓印时力度要轻柔，避免用

lì guò měng dǎo zhì zhǐ wén mó hu
力过猛导致指纹模糊。

研讨与反思

zhǐ wén yǒu sān dà jiā zú   jī xíng wén   dǒu xíng wén
1.指纹有三大家族：箕形纹、斗形纹

hé gōng xíng wén   tóng xué men   kuài shǔ yi shǔ   nǐ de jī xíng   dǒu
和弓形纹。同学们，快数一数，你的箕形、斗

xíng hé gōng xíng zhǐ wén jiā zú chéng yuán gè yǒu duō shǎo wèi   bìng zuò
形和弓形指纹家族成员各有多少位，并做

hǎo jì lù yo
好 记 录 哟。

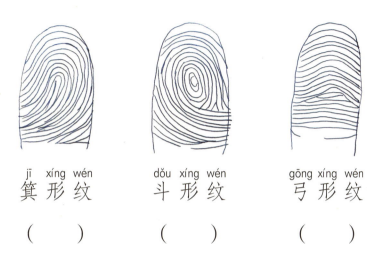

jī xíng wén　　　dǒu xíng wén　　　gōng xíng wén
箕 形 纹　　　　斗 形 纹　　　　弓 形 纹

（　　）　　　　（　　）　　　　（　　）

tóng xué men　　hé xiǎo huǒ bàn yì qǐ tà yìn zhǐ wén
2.同 学 们，和 小 伙 伴 一 起 拓 印 指 纹

ba　　kàn yi kàn　　nǐ men de zhǐ wén shì yí yàng de ma
吧！看 一 看，你 们 的 指 纹 是 一 样 的 吗？

tà yìn zhǐ wén yě néng huá lì zhuǎn shēn　　biàn chéng yì shù
3.拓 印 指 纹 也 能 华 丽 转 身，变 成 艺 术

pǐn　kuài gěi nǐ de zhǐ wén lái yì cháng tú yā dà zuò zhàn ba
品，快 给 你 的 指 纹 来 一 场 涂 鸦 大 作 战 吧！

拓展与延伸

指纹能帮助警察破案吗？

指纹是警察在刑事侦查时进行人身识别的重要手段之一，因为每个人的指纹在形状、粗细、结构等方面都各不相同，即使是双胞胎也不会有一模一样的指纹。

人的指纹一旦形成就会终身不变，哪怕指纹部位被划伤或被化学试剂腐蚀，痊愈后的纹路也依然不变。所以一旦罪犯在犯罪现场留下指纹，警察就可以借此锁定目标。

神奇的月相变化

"人有悲欢离合，月有阴晴圆缺。"月亮有时候看起来像个大圆盘，有时候像弯弯的镰刀，有时候却完全看不见。这是为什么呢？

观察与发现

1. 生活中你们观察过夜晚的月亮吗？月亮什么时候是圆的？什么时候是弯的？

2. 其实，月亮的形状从来就没有改变，它总是一个球体。因为月球和太阳、地球之间的位置不断变化，所以月球在不同的时间看起来就不一样了。

探究与实践

mó nǐ yuè xiàng biàn huà
模拟月相变化

shí yàn cái liào　shuāng miàn jiāo　pīng pāng qiú　xī guǎn
实验材料： 双面胶、乒乓球、吸管、

hēi sè jì hào bǐ
黑色记号笔。

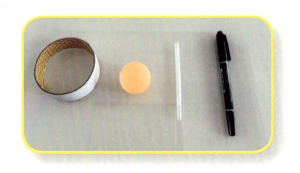

shí yàn bù zhòu
实验步骤：

jiāng pīng pāng qiú de yí bàn yòng
1.将乒乓球的一半用

jì hào bǐ tú hēi
记号笔涂黑。

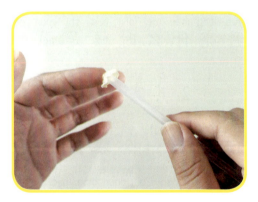

zài xī guǎn shàng zhān shàng shuāng
2.在吸管上粘上双

miàn jiāo
面胶。

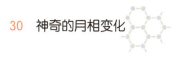

3.将吸管固定在乒乓球的分割线上。

4.黑色部分代表太阳照射不到的区域，没有涂颜色的部分代表太阳照射区域。

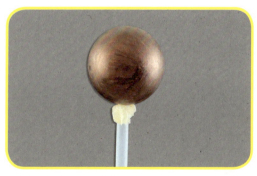

5.黑色区域在左，没有涂颜色的部分在右，自东向西转动乒乓球，当黑色部分正对你时，你就只能看到黑漆漆的一面，我们称之为新月。

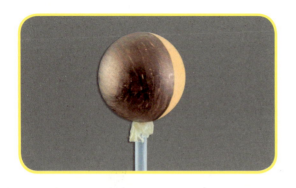

jì xù zhuàn dòng dāng kàn dào yí
6.继续转动，当看到一
gè wān wān de lián dāo xíng shí wǒ
个弯弯的镰刀形时，我
men jiù jiào tā shàng é méi yuè
们就叫它上峨眉月。

jì xù zhuàn dòng rú
7.继续转动，如
tú jí wéi shàng xián yuè
图即为上弦月。

yíng tū yuè
8.盈凸月。

mǎn yuè
9.满月。

kuī tū yuè
10.亏凸月。

xià xián yuè
11. 下弦月。

xià é méi yuè
12. 下峨眉月
cán yuè
（残月）。

jì xù zhuàn dòng
13. 继续转动，
yòu wéi xīn yuè
又为新月。

研讨与反思

tóng xué men   nǐ men mó nǐ chū le   jǐ zhǒng yuè xiàng biàn
1. 同学们，你们模拟出了几种月相变

huà   gēn jù zì jǐ de biǎo xiàn gěi xīng xing tú shàng zì jǐ xǐ huan
化？根据自己的表现给星星涂上自己喜欢

de yán sè ba
的颜色吧！

méi yǒu mó nǐ chū yuè xiàng biàn huà 没有模拟出月相变化	☆ ☆ ☆ ☆ ☆
mó nǐ chū le bù fen yuè xiàng biàn huà 模拟出了部分月相变化	☆ ☆ ☆ ☆ ☆
mó nǐ chū le quán bù yuè xiàng biàn huà 模拟出了全部月相变化	☆ ☆ ☆ ☆ ☆

2.通过这个实验我们发现：乒乓球没有涂色的部分仿佛月亮被太阳照亮，将乒乓球自东向西旋转时，照亮的区域先从小到大再从大到小，如此反复。

⚛ 拓展与延伸

月球绕地球运动，使太阳、地球、月球三者的相对位置在一个月内有规律地变动。因为月球本身不发光，而且不透明，月球可见发亮部分是反射太阳光的部分。只有月球直接被太阳照射的部分才能反射太阳光。我们在地球上从不同的角度看到月球被太阳直接照射的部分，这就是月相形成的原因。

31 风之精灵
fēng zhī jīng líng

在《纸船和风筝》的故事中，纸船与风筝是传递友谊的象征。今天，我们也来制作属于自己的纸风筝吧！在制作过程中体会创造的乐趣，就像故事里那样温暖又美好。

观察与发现

风筝的形状是不是很特别呀？仔细观察，试着讲一讲风筝能飞起来的奥秘吧。

探究与实践

zì zhì fēng zheng
自 制 风 筝

cái liào zhǔn bèi　　　 fēng zheng xiàn zhóu　　dìng shū jī　　　 zhǐ
材料准备： 风筝线轴、订书机、A4纸。

zhì zuò bù zhòu
制作步骤：

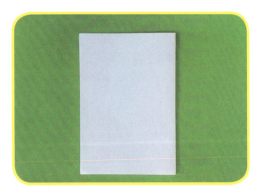

jiāng　　 zhǐ cóng zhōng jiān duì zhé
1. 将 A4纸 从 中 间 对 折。

jiāng　　 zhǐ kāi kǒu biān liǎng cè
2. 将 A4纸 开 口 边 两 侧

de shàng duān　　xiàng duì zhé biān de
的 上 端， 向 对 折 边 的

sān fēn zhī yī chù zhé dié
三 分 之 一 处 折 叠。

yòng dìng shū jī jiāng kāi kǒu biān liǎng
3.用订书机将开口边两

cè de shàng duān gù dìng zài duì
侧的上端，固定在对

zhé biān
折边。

zài duì zhé biān de zhōng jiān chuān
4.在对折边的中间穿

gè xiǎo kǒng zài bǎng shàng shéng zi
个小孔，再绑上绳子。

zhǐ fēng zheng jiù zuò hǎo le
纸风筝就做好了。

gěi zhì zuò hǎo de fēng zheng huà shàng zì jǐ xǐ huan de tú àn
给制作好的风筝画上自己喜欢的图案

ba zài xiǎng yi xiǎng rú hé zhì zuò fēng zheng cái néng ràng tā fēi de
吧。再想一想如何制作风筝才能让它飞得

gèng gāo wán chéng hòu wǒ men qù fàng fēi fēng zheng zhǎo zhǎo ràng fēng
更高。完成后我们去放飞风筝，找找让风

zheng fēi qǐ lái de yuán yīn ba
筝飞起来的原因吧！

xiǎo péng yǒu léi yǔ tiān
小朋友，雷雨天

qì bù néng fàng fēng zheng yo
气不能放风筝哟，

huì yǒu chù diàn wēi xiǎn
会有触电危险。

研讨与反思

1.在设计纸风筝的图案和形状时，你是否充分发挥了自己的想象力，使风筝的外观看起来独特又美观呢？根据自己的表现给星星涂上自己喜欢的颜色吧！

☆ ★ ★ ☆ ☆

2.如果没有风，纸风筝还能在空中飞行吗？风大一点的时候，纸风筝会飞得更高还是更低呢？

3.我们把风筝线放长一点或者缩短一点，风筝的飞行会有什么变化呢？

拓展与延伸

如果给纸风筝加上长长的尾巴，风筝是否会飞得更稳呢？

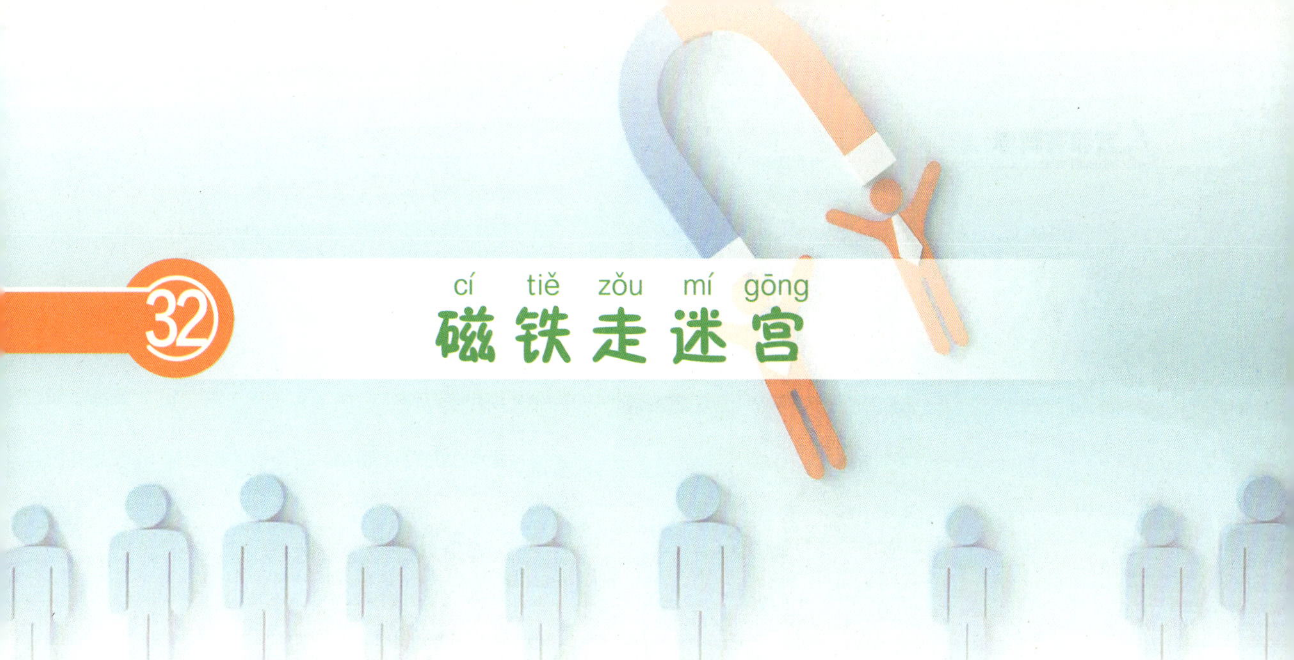

32 cí tiě zǒu mí gōng
磁铁走迷宫

cí tiě shì yì zhǒng shén qí de tiān rán kuàng shí tā yōng yǒu qiáng dà de xī yǐn lì, néng gòu jiāng tiě、gǔ、niè děng jīn shǔ xī yǐn guò lái。zài kē jì fā zhǎn zhōng, cí tiě fā huī zhe bù kě tì dài de zuò yòng, wèi rén lèi de shēng huó dài lái biàn jié。

磁铁是一种神奇的天然矿石。它拥有强大的吸引力，能够将铁、钴、镍等金属吸引过来。在科技发展中，磁铁发挥着不可替代的作用，为人类的生活带来便捷。

观察与发现

cí tiě wèi shén me kě yǐ xī zhù tiě
1. 磁铁为什么可以吸住铁？

nǐ men zài nǎ xiē dì fang kàn dào guo cí tiě
2. 你们在哪些地方看到过磁铁？

探究与实践

cí qù mí gōng
磁趣迷宫

shí yàn cái liào: xiǎo mián yáng tú piàn、xī guǎn、cǎi bǐ、
实验材料： 小绵羊图片、吸管、彩笔、

bái zhǐ　　bèi jiāo cí tiě tiáo
白纸、背胶磁铁条。

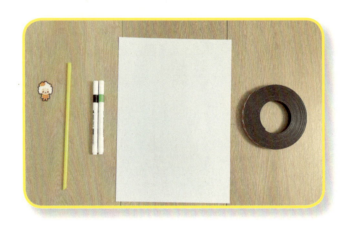

shí yàn bù zhòu
实验步骤：

tiē cí tiě　　zài　　xiǎo mián yáng
1. 贴磁铁：在"小绵羊"

de bèi miàn hé xī guǎn de yì duān gè
的背面和吸管的一端各

tiē shàng　　piàn cí tiě
贴上 1 片磁铁。

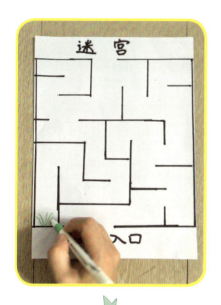

2.画迷宫：用彩笔
huà mí gōng yòng cǎi bǐ

在白纸上画出一
zài bái zhǐ shàng huà chū yì

版迷宫。
bǎn mí gōng

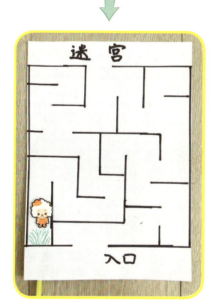

3.走迷宫：将"小绵羊"放
zǒu mí gōng jiāng xiǎo mián yáng fàng

在迷宫入口处，用带磁条的
zài mí gōng rù kǒu chù yòng dài cí tiáo de

吸管在迷宫背面吸住"小绵
xī guǎn zài mí gōng bèi miàn xī zhù xiǎo mián

羊"。拉动吸管，就可以让
yáng lā dòng xī guǎn jiù kě yǐ ràng

"小绵羊"走迷宫了。
xiǎo mián yáng zǒu mí gōng le

研讨与反思

1.你的"小绵羊"吃到草了吗？在实
nǐ de xiǎo mián yáng chī dào cǎo le ma zài shí

验结果相应的位置画"✓"。
yàn jié guǒ xiāng yìng de wèi zhì huà

（　）小绵羊没有吃到草

（　）小绵羊吃到了草

2.为什么带磁条的吸管有时候能吸住
"小绵羊"，有时候又不能呢？

拓展与延伸

在日常生活中，磁铁被用于指南针、磁性文具盒、冰箱门磁条等，方便了我们的生活。在电子行业中，磁铁是手机、电视机、耳机等电子设备中不可或缺的组件。此外，磁铁在工业领域的作用同样显著，如电机、发电机、磁选机等设备都依赖磁铁的强大磁场。可以说，磁铁的应用几乎无处不在，为人类社会的发展带来了巨大的便利和进步。